Die geheimen Tips der Sissi Perlinger

W0089751

Dieses Buch ist wie eine gute Freundin. Eine, die immer einen klasse Tip und einen guten Rat auf Lager hat, wenn man in der Scheiße sitzt und alleine nicht mehr weiter kommt. Es ist humorvoll und steckt voller Wärme. Überraschend ehrlich rückt die Perlinger mit ihren eigenen Ängsten und Komplexen 'raus, und schildert auf amüsante Weise, wie sie eine Nuß nach der anderen in ihrem Leben knackt. Eine romantische Perfektionistin, die nicht eher nachläßt, bis sie eine originelle Lösung für ihr Problem gefunden hat. Dabei geht es um ebenso banale Fragen wie: Was tut man, damit der Lippenstift 2 Stunden tanzen, schwitzen und singen überlebt, ohne zu verschmieren; oder wie überlebt man, wenn die Beziehung kaputt geht; oder wen muß man einladen, wenn man eine wirklich lustige Fete organisieren will. Natürlich fehlt auch ein äußerst effektiver Tip zur Selbstverteidigung nicht. Was kann ich tun gegen Blasenentzündung oder Depressionen, »wie werde ich klug und gebildet?«. Außerdem Tips zur gesunden und trotzdem lustvollen Ernährung, zur effektivsten Art der Schönheitspflege, supergeile Schminktips, zur Gesundheit und Fitneß werden hier auf eine Quintessenz an nötiger Information gebracht. Wertvolle Anregungen und amüsante Ratschläge der frechen wie charmanten Kleinkünstlerin.

Sissi Perlinger, geboren 1963, wurde 6 Jahre ausgebildet in Paris, Wien und New York. Sie studierte Tanz, Schauspiel und Gesang. Bekannt wurde sie ihrem Publikum durch ihre eigenen Bühnenprogramme wie »Mein Herz sieht rot« oder »Von Happy End zu Happy End«, für die sie 1992 mit dem deutschen Kleinkunstpreis ausgezeichnet wurde. Außerdem kennt man »die Perlinger« durch ihre zahlreichen Film- und Fernsehauftritte. 1997 erhielt sie den Adolf-Grimme-Preis mit Gold für ihre herausragende schauspielerische Leistung in dem Film »Der letzte Kurier« von Adolf Winkelmann. Jetzt stellt sie ihr erstes Buch vor.

Die geheimen Tips der Sissi Perlinger

Ein Handbuch für die moderne Frau

ECON Taschenbuch Verlag

6. Auflage 1998
Veröffentlicht im ECON Taschenbuch Verlag
Der ECON Taschenbuch Verlag
ist ein Unternehmen der ECON & List Verlagsgesellschaft
Originalausgabe
© 1997 by ECON Verlag GmbH, Düsseldorf und München
Umschlaggestaltung: Theodor Bayer-Eynck, Coesfeld
Titelabbildung: Jochen Haunreiter
Die Ratschläge in diesem Buch sind von Autor und Verlag
sorgfältig erwogen und geprüft; dennoch kann eine Garantie
nicht übernommen werden. Eine Haftung des Autors
bzw. des Verlages und seiner Beauftragten für Personen-, Sach-
und Vermögensschäden ist ausgeschlossen.
Lektorat: Heike Neumann
Gesetzt aus der Galliard, Linotype
Satz: Heinrich Fanslau GmbH, Düsseldorf
Druck und Bindearbeiten: Ebner Ulm
Printed in Germany
ISBN 3-612-26428-1

Inhaltsverzeichnis

Danksagung

Ich möchte mich ganz herzlich bei meiner Mama bedanken, die mit ihrer Liebe und ihrem Lob aus mir einen glücklichen Menschen gemacht hat, und die selber eine der passioniertesten »Tip-Geberinnen« ist und mich daher entscheidend zu diesem Buch inspiriert und auch mit Tricks versorgt hat. Meinem Stiefvater Hansl, der mir die Liebe zur Natur, allen Tieren und zur Kunst beigebracht hat, meinem geliebten »Süßolito« Klaus, der mich unterstützt und mir hilft, wo er nur kann, und voller Liebe ein echter starker Mann an meiner Seite ist. Dann natürlich ein großes Danke an meine »Scheibe«, meinem künstlerischen, spirituellen und humorvollen Gegenüber, ohne den ich niemals da wäre, wo ich heute bin. Der Firma Daydream für ihre hervorragende organisatorische Hilfe und insbesondere Mickey Dehmers, ohne dessen Hilfe dieses Buch nicht stattgefunden hätte. Meinen Freunden Helmut Franek und Volker Doelle, die mir mit fundiertem ärztlichen Fachwissen meine Bildungslücken immer wieder zu schließen versuchen, und natürlich auch Anne Doelle, die in ihrem unglaublich gastfreundlichen Haus den Rahmen für Kreativität und Zusammenarbeit ermöglichte. Und dann natürlich noch meiner kleinen Katze und meinem dicken Hund, die mir wie ein ewiger Sonnenschein mein Leben erwärmen und mir die innere Ruhe geben, bei allem, was ich mache, ausgeglichen und froh zu sein.

Und natürlich: Nicht zu vergessen in memoriam ein großes Dankeschönbussi an meine wichtigste Lehrmeisterin, die Katze »Schrutzi«, mit der ich aufgewachsen bin.

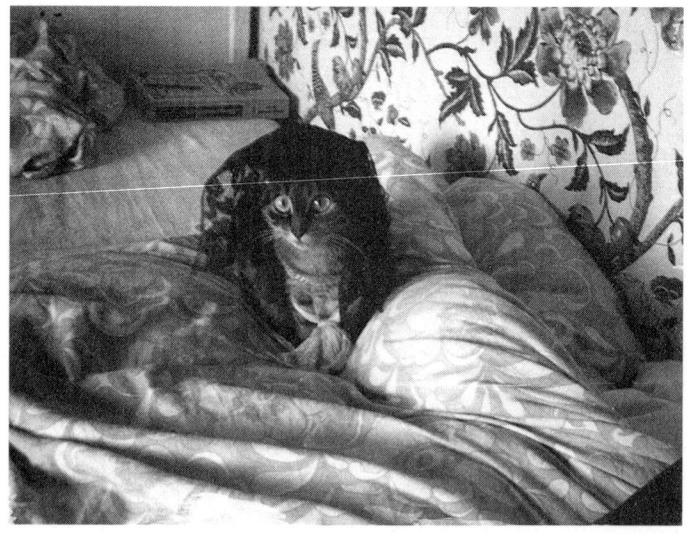

Hier ein paar kleine Bilder zur Entstehungsgeschichte

Mama + Papa (Hans Perlinger)
= Sissi

 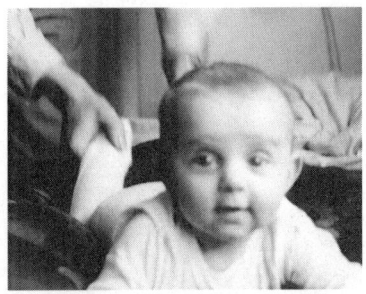

Als ich so alt war

hat sich's meine Mama
noch mal anders überlegt
und den stadtbekannten
Hallodrie und Künstler
Hans Gailling geheiratet

Zweimal die gleiche Person.
Ein wunderbares Beispiel dafür, wie sehr Make-up und
ein kleines »Haarteil« eine Person verändern können.

11

Vorwort

Dies ist ein »Postfeministischer Ratgeber«.

In meinem Jahreshoroskop stand, ich solle mich wie ein bestäubende Biene verhalten. Menschen zusammenbringen, mein Wissen weitergeben und Energien in Bewegung setzen, um am Ende des nächsten Jahres die Welt um mich herum ein klein bißchen reicher gemacht zu haben. O. k., hab ich mir gedacht, kann man ja mal machen, klingt eigentlich nicht schlecht.

Aber mein Wissen weitergeben? Was meinen die denn damit, diese Horoskopschreiberlinge, welches Wissen denn überhaupt? Gut, hab ich mir gedacht, eigentlich habe ich schon immer gerne gescheit dahergeredet, also habe ich anscheinend ein Bedürfnis, Dinge weitersagen zu wollen, einfach weil es schön ist zu geben und sich auszutauschen und dazuzulernen.

Aber Männer (die Menschen, mit denen ich den größten Teil meiner Zeit verbringe) wollen keine Tips hören. Die denken gleich, man wolle sie belehren, bevormunden, ihnen sagen, wo's lang geht, oder sie bemuttern; deswegen habe ich es mir schon lange völlig abgewöhnt, gute Ratschläge, hilfreiche Tips oder gar praktische kleine Tricks zum besseren Umgang mit der Unbill des Lebens unters Volk zu bringen.

In diesem Buch jedoch packe ich mit meinem ganzen angesammelten Wissen gnadenlos aus, denn ich habe es nur für Frauen geschrieben.

Also, Jungs und Männer, laßt es bleiben, dieses Buch ist nichts für Euch!!!

Wohlgemerkt, es handelt sich hier in diesem »kleinen Nachschlagewerk für die moderne Frau« hauptsächlich um »zusammengesammelte Pollen«, aber obwohl jedem Menschen all dieses Wissen eigentlich ganz leicht zugänglich wäre, glaube ich trotzdem, eine in viele Lebensbereiche hineinreichende Kombination an Quintessenzen bieten zu können. Obwohl alles extrem auf meine ganz persönlichen Bedürfnisse angelegt ist, hoffe ich trotzdem, jeder von Ihnen, meine Damen, eine wertvolle Anregung geben zu können, wie Sie die »Nüsse« in Ihrem Leben knacken können, die Ihnen schon lange auf die Nerven gehen, und die Sie allein nicht geschafft haben. Ich blicke auf eine lange Reihe solcher »Nüsse« – wie ich sie zu nennen pflege – zurück und habe einige interessante Lösungen für mich persönlich gefunden.

Ich weiß, diese Welt wird immer mehr von Halbwissen überschwemmt.

Ich weiß, die Menschen sollten sich auf die Dinge mehr einlassen und sich tiefer mit einer Sache beschäftigen, aber wir werden 24 Stunden täglich zugeschissen mit Informationen, da kann kein Mensch mehr profund damit umgehen.

Ich bin immer heilfroh, wenn ich eine Sache in vorverdauter Häppchenform präsentiert bekomme, ich kann mir dann erst mal ein Bild machen, und wenn mich das Thema wirklich packt, kann ich dann immer noch das ganze Buch und die dazugehörige Sekundärliteratur lesen, einen Workshop mitmachen und mei-

13

netwegen Mitglied werden, aber zuerst muß es eine Initialzündung geben, und die versuche ich in diesem Buch herzustellen.

Wodurch bin gerade ich prädestiniert, Ihnen Tips zu geben?

Keine Ahnung, aber ich habe immer sehr schnell Sachen aufgeschnappt und mir gemerkt, ausprobiert, verfeinert und dann als neuen Bestandteil in mein Dasein eingebaut und einige Zeit lang versucht, ob sich mein Leben dadurch bereichern läßt. Außerdem habe ich ganz viele Ärzte in meinem engeren Freundeskreis und erfahre viele Insiderinformationen, und weil ich mich sehr interessiere und mir Sachen immer gleich aufschreibe, kann ich sie hier wiedergeben. Außerdem bin ich eine Suchende und liebe es, Lösungen zu finden. Hier ein banales Beispiel:

Ich stehe jeden Abend auf der Bühne und hasse es, wenn mir mein Lippenstift verläuft und verschmiert, wenn ich schwitze. Also als erstes geht man doch normalerweise in die Drogerie, läßt sich beraten und gegebenenfalls etwas aufschwatzen und ärgert sich dann, weil alles nicht so funktioniert, wie es auf der Packung steht.

Nun, ich habe einen ziemlich hohen Qualitätsanspruch, also bin ich losgezogen, auf der Suche nach einem Maskenbildner, der Abhilfe schaffen könnte – ein Profi, der sich mit nichts anderem beschäftigt. Aber der hat nur den Satz gebracht »Sie, ich mach den Job seit 30 Jahren, da gibt's nix.« Also war ich mal wieder in meiner alten Lebenserfahrung bestätigt: »Wenn man nicht alles selber macht...«. Und habe meine private Lösung erfunden... aber dazu kommen wir später.

Ähnlich ist es auch mit Zipperleins. Im Endeffekt habe ich mich immer selber geheilt, nachdem ich mir zuvor das nötige Wissen angeeignet hatte.

Ich versuche in diesem Buch Lösungsansätze für allerlei Problemchen zu bieten, nach denen man oft lange suchen muß. Ich weiß um die Zeitknappheit unserer heutigen Gesellschaft und werde deswegen viele Themen streifen und ein äußerst komprimiertes Halbwissen verzapfen, aber wie gesagt: Keiner von uns hat mehr Zeit, sich wirklich tiefergehend mit allem, was für uns von Vorteil wäre, auseinanderzusetzen. Wenn Sie also in diesem Buch nur eine Sache finden, die Sie wirklich ab jetzt erfolgreich anwenden, die Ihnen wirklich in einem Lebensbereich weiterhelfen, dann halte ich das bereits für einen großen Erfolg.

Ein kleines Beispiel hierzu:

Vor einiger Zeit gab es ein Buch von Diane Brill. Das meiste, was darin stand, kannte ich schon, aber der Absatz über die Haarteile und wie sie ihre Frisur baut, hat mich auf eine völlig neue Idee gebracht. Seitdem experimentiere ich wild 'rum und habe mein Repertoire an Frisuren erheblich vergrößert und meinen Typ veränderbarer gemacht, was für mich als Schauspielerin unbezahlbar wertvoll ist. So eine kleine Information kann mit anderen Worten, wenn man es bis in die letzte Konsequenz durchdenkt, wirklich ein ganzes Leben verändern.

Wohlgemerkt es geht in diesem Buch nicht darum, sie mit aller Gewalt an irgendwelche Schönheitsideale anzupassen.

Ich weiß einfach nur aus eigener Erfahrung, daß ein mangelndes Selbstwertgefühl die größte Bremse ist, die man sich im Leben reinhauen kann.

Wenn man aber an sich feilt, bis man sich selber richtig gut leiden kann, dann traut man sich auch auf einmal ganz entscheidende Schritte zu, die einem völlig neue Lebensperspektiven eröffnen könnten.

Zum Beispiel: Ein Mensch, der Jahre lang unter einer schiefen Nase leidet und sich häßlich fühlt und womöglich glaubt, daß er mit dieser Nase nie Liebe und Erfolg erlangen wird... der soll sich doch um Himmels willen operieren lassen, damit er sich endlich den wahren Herausforderungen des Lebens stellen kann.

Das mit der schiefen Nase ist ein sehr plakatives Beispiel, deswegen habe ich es gewählt, aber wir lassen uns auch schon von wesentlich geringfügigeren Makeln »unterkriegen«.

Männer sind Kenner

Hier noch ein Thema, das man grundsätzlich klären sollte:

Ich habe mal ein Lied mit dem Titel »Männer sind Kenner« geschrieben, zu dem mich meine Musikerkollegen und Techniker inspiriert haben. O. k., es ist zwar ein wenig überhöht, aber auch einige Originalzitate unvergessener Tourneen sind darin verarbeitet. Ich kann gut mitlachen bei solchen »Männergemeinheiten«, die da über arme Mädels leichtfertig gesagt werden, weil ich ja (nach Anwendung all meiner Tricks) nicht mehr zu den Betroffenen gehöre.

Inzwischen habe ich mich damit abgefunden, daß ich ein Mädchen bin.

18

»Männer sind Kenner«

Susi war 'ne süße Kleine
Aber diese kurzen Beine
Bea hatte voll Niveau
Nur 'nen viel zu flachen Po
Rita war von altem Adel
Doch die hatte schwarze Stoppeln an der Wade
Schade schade

Inge immer guter Dinge
Trotz der tiefen Augenringe
Karla war charakterstark
Aber dieser Damenbart
Wilmas Witz war genial das nützt nur nix
bei so 'nem großen
Muttermal
Fatal fatal

(Männer) Männer sind Kenner
Streß total
Keine is' voll optimal
(Männer) Männer sind Kenner
Fatal fatal
Die Qual der Wahl

Die Pia dann war echt perfekt
Aber dieser Dialekt
Gabi offen und spontan
Doch die fühlt sich teigig an
Wibke war im Bett begabt

Doch sie hat beim Bleistifttest komplett versagt
Pech gehabt

Claudia kleidet sich sehr schick
Nur sie schminkt sich viel zu dick
Ines wurde überführt
Die hat sich schönheitsoperiert
Lisa hat so süß gelacht
Doch sie hat sich kürzlich umgebracht

(Männer) Männer sind Kenner
Streß total
Keine ist der echte Aal
(Männer) Männer sind Kenner
Die ha'm die Qual der Wahl die ...
(Männer)
Chor:
So sind wir Männer
Wir sind halt Kenner
So sind wir Männer
Wir sind halt Kenner

Ein Freund hat mir folgende Geschichte erzählt: Er
war wirklich verknallt in diese süße Schnecke, aber als
er ihr dann endlich die Bluse ausziehen konnte, um ihr
ein bißchen »den Sender zu verstellen« (= an den Tit-
ten rumzufummeln), hat sich dabei herausgestellt, daß
sie lange schwarze Haare um die Brustwarzen hat, und
da sei es ihm total vergangen...!?!?

Da stellen sich folgende Fragen:

Erstens sollte er sie auch **mit** schwarzen Haaren lieben.

Oder aber zweitens, wenn er sie nur mit makellosen Brüsten liebt, ist das dann wirkliche Liebe?

Oder kann man drittens von einer Frau erwarten, daß sie sich jetzt nur der Männer wegen die schwarzen Haare schmerzhaft ausreißt?

Nun, ich würde da ganz schlicht sagen: **Ja**

Ja, ich bekenne es offen und ehrlich: Ich risse mir meine Haare aus, wenn ich mir dann besser gefiele,

»You can leave your hat on« – damals schon ganz Dame auch im Klassenzimmer, aber aus anderen Gründen mit Hut.

21

aber... äh... ich hatte noch nie irgendwelche dunklen Haare, weder an der Brust noch sonstwo, dazu neige ich nicht... Glück gehabt..., aber ich muß mir auch meinen »Riesenzinken« = Nase nicht operieren lassen, weil er mir sehr gut gefällt, aber jeder hat sein Kreuz zu tragen, und ich bin dagegen, daß Mädels sich hängen lassen, weil sie meinen, daß bei ihnen sowieso Hopfen und Malz verloren ist und sich die Mühe und der Schmerz, was aus sich zu machen, sowieso nicht lohnen würde. Ich kenne diese negative Grundhaltung sehr gut, denn auch ich bin viele Jahre so mit mir umgegangen. Ich habe z. B. ständig Hut oder Kopftücher getragen, weil ich keine Lust hatte, meine Haare zu waschen, weil ich sie gehaßt habe. Ich war der Meinung, daß es eh' nichts genützt hätte, sie zu pflegen. Wenn ich das heute meiner Maskenbildnerin erzähle, da lacht die sich tot und sagt: »Wieso, Frau Perlinger, Sie haben doch herrlich dichtes und gesundes Haar, zwar sehr fein, aber das ist doch schön.«

Heute weiß ich, daß selbst Marlene Dietrich tausende von Tricks erfunden hat, um ihre superdünnen Haare und sonstige kleine Schwachpunkte zu überspielen, und keiner käme auf die Idee, ihr nicht zuzugestehen, daß sie eine der schönsten Frauen unseres Jahrhunderts war... aber eben auch erst nach einigen Schönheitsoperationen, stundenlangem Schminken, mit diversen Haarteilen und nach gründlichem Ausleuchten.

Die Amerikaner gehen wesentlich pragmatischer mit all diesen Themen um, und auch aus dieser Kultur nehme ich mir meine Inspiration, wenn sie mich weiterbringt. Es muß nicht nur fernöstlich sein.

Schön sein, erfolgreich sein, geliebt werden ... all das sind Dinge, die man sich wirklich erarbeiten muß. Ich glaube, keinem Menschen fällt das in den Schoß, und wenn ja, dann beneide ich ihn nicht eine Sekunde darum, denn er kann sich darüber nicht so freuen wie jemand, der wirklich Grund hat, auf sich und seine eigenen Ideen und Errungenschaften stolz zu sein.

(Die paar Naturschönheiten dieser Welt haben ihre ganz eigene Lebensproblematik, da bin ich mir sicher, aber dazu kann ich keine Stellung nehmen, denn davon verstehe ich nichts.)

Was mir total auf den Senkel geht, ist diese latente Einstellung: Nur »natürliche Schönheit« sei wirklich akzeptabel.

Ich war mal in der Jury zur Wahl der »Schönen Münchnerin«. Ein Wettbewerb, den die Münchener Abendzeitung jeden Sommer veranstaltet, und wo über längere Zeit die Fotos und Bewerbungsschreiben der einzelnen Bewerberinnen veröffentlicht werden.

Die Männer in der Jury haben immer die Mädchen in die engere Auswahl genommen, die vor allem »natürlich« waren. Mir haben immer die Frauen gefallen, bei denen ich gespürt habe, die hat was aus sich gemacht, die scheint ein bißchen anders zu sein als die Masse, die hat ihren eigenen Stil, oder: die ist zwar nach gängigen Maßstäben gar nicht so attraktiv, traut sich aber trotzdem, an so einer Veranstaltung mitzumachen.

Meine Favoriten haben natürlich den kürzeren gezogen, aber hier mein Tip:

Man kann ganz viel Tricks anwenden und sieht trotzdem danach noch ganz natürlich aus.

Wir haben heutzutage so viele Möglichkeiten, aber auch so hohe Ziele. Ein ganz banaler, aber sehr wichtiger Tip lautet deswegen:

Nützen Sie Ihre Zeit

Das Leben ist verdammt kurz, und wenn Sie es sich zum Ziel gemacht haben, ein gesunder, glücklicher, gebildeter, sportlich-fitter, gutaussehender und kreativer Mensch zu sein, bleibt keine Zeit, aus dem Fenster zu gucken und Löcher in die Luft zu starren.

Ich liebe es, mir genau auszuklügeln, wie ich alle meine Bedürfnisse und das Pensum, das ich mir vorgenommen habe, unter einen Hut bekomme. Schon als Kind hab ich geübt, mehrere Sachen gleichzeitig zu machen.

Zähneputzen, während man Vokabeln oder Text lernt.

Auf Zehenspitzen stehen und unauffällig Arschmuskeln trainieren, wenn man in der Schlange steht und auf was warten muß.

Gesangsübungen machen, wenn man im Auto fährt, oder noch besser auf dem Fahrrad. Maniküren, während man die Nachrichten hört.

Sich schminken im Auto, in der U-Bahn oder auch im Flieger. (Mach ich immer, weil ich mindestens eine

halbe Stunde Zeit damit spare). Um nur ein paar Bei-
spiele aus meinem Alltag zu nennen.

Grundsätzlich gilt:

Beschäftigen Sie sich so oft wie möglich mit etwas
Konstruktivem, das Sie weiterbringt, und bringen Sie
die Sachen mit, die Sie dazu brauchen.

*Ich persönlich war schon immer ein Freund von
glamourösen großen Gesten. – Sissi mit ca. 7 Jahren
in ihrem Zimmer und bei einem Spaziergang.*

Beziehungen

Also jetzt geht's richtig los mit den Tips, und damit ich hier keine Erwartungshaltungen enttäusche, beginne ich natürlich mit dem Themenkreis Beziehungen und halte mich auch gleichzeitig noch an Karl Valentin, der sagte: »Wir beginnen mit dem Anfang.«

Phase 1

Sie sind mal wieder frisch verknallt. Sie haben jemanden getroffen, der die ganze Nacht lang alle Register gezogen hat, um Sie ins Bett zu bekommen. Er ist vor Ihnen niedergekniet und hat Ihre Hände mit Küssen bedeckt, und er konnte nur noch stammeln: »Ich beobachte dich seit Monaten, dein Bild steht auf meinem Nachttisch. Ich verzehre mich nach dir. Bitte laß mich jetzt nicht alleine, das könnte ich nicht ertragen. Ich will nur sehen, wie es sich anfühlt, Dich in meinen Armen zu haben. Ich tu nichts, ich lege mich nur neben dich und bin schon glücklich.«

Glauben Sie ihm kein Wort. Gehen Sie nach Hause, ganz egal was an diesem Abend geschehen ist, auch wenn Sie bereits die Anzahl der Kinder durchdiskutiert haben, die Sie gemeinsam zeugen wollen. Die Chancen stehen 70 zu 30, daß Sie von diesem Typen nie mehr wieder hören. Das tut sehr weh. Alles schon erlebt. Hierzu der schöne Text von Casanova:

Wir lernten uns kennen, prompt riefst du an, du sagtest
du beobachtest mich schon lang,

es schien so wunderbar, so wie es nie zuvor je war, es
war vom ersten Moment, als ob ein Feuer in uns brennt,

ich hab noch nie soviel gelacht, hab zum erstenmal ge-
dacht, daß Träume in Erfüllung gehen, wenn zwei Men-
schen sich verstehen,

es war extraordinär, wie wenn ich für dich und du für
mich, geschaffen wär'.

Casanova läßt die Puppen tanzen, du arbeitest mit allen
Tricks, baust dich auf und läßt mich zappeln, nimmst
dir alles, gibst mir nichts,

Casanova, warum tust du das, macht es dir denn
wirklich Spaß, Herzen sind aus Glas, Scherben bringen
Schmerz und Haß.

O Gott, war ich naiv, jetzt erst wird mir klar, daß das
von Anfang an nur 'ne Masche war,

ich steh in Eis und Schnee, doch es tut überhaupt nicht
weh,

es war ein kühner hoher Flug, leider war's nur Selbst-
betrug,

hast mir so lieb den Kopf verdreht, ist dir egal wie's
mir jetzt geht,

ich hab dich völlig unterschätzt, du hast mich gnaden-
los verletzt,

ich weiß, ich mach mich lächerlich, es war doch alles
nur ein Spiel,

naja und ich... ich... ich... war nur ein Spielzeug
für dich

Casanova läßt die Puppen tanzen, du arbeitest mit allen Tricks, baust dich auf und läßt mich zappeln, nimmst dir alles, gibst mir nichts,

Casanova, warum tust du das, macht es dir denn wirklich Spaß, du fieses Aas.

Meine Liebe wandelst du zu Haß!

Warum tust du das?

Stellen Sie sich vor, ich hätte es mit ihm getrieben, ich wäre verreckt vor lauter Demütigung und Liebeskummer.

O. k., o. k., natürlich sind nicht alle Jungs so drauf. Also angenommen, alles hat gestimmt, was er gesagt hat, bis auf das Bild auf dem Nachttisch, so was würde ein Mann nie tun.

Wären Sie in der ersten Nacht mit ihm mitgegangen, Sie hätten sich eine schlechte Ausgangsposition kreiert, denn ganz egal, wie stabil Ihre Beziehung auch ist, Sie werden immer für ihn eine Frau bleiben, die sich in der ersten Nacht belabern ließ. Wenn Sie jedoch widerstehen, wird er noch nach Jahrzehnten erzählen, wie sehr er damals um Sie kämpfen mußte. Also: Das erste Mal immer so lange 'rauszögern, wie man kann.

Phase 2

Wir gehen mal davon aus, daß jetzt der ideale Abend ist, und Sie landen in einem Schlafzimmer. Seien Sie nicht enttäuscht, wenn das erste Mal kein so großer Erfolg ist. Männer sind ab einem bestimmten Alter nicht mehr so unter sexuellem Druck, wie sie immer gern tun. Oft wollen sie nur rummachen, weil sie so einem ernsthaften Gespräch entkommen, in dem sie sich die Blöße geben müßten, daß sie eigentlich ziemlich unbewußt und kommunikationsgestört sind.

In einer heterosexuellen Beziehung treffen außerdem zwei Menschen aufeinander, die nicht nur verschieden sind, sondern völlig entgegengesetzt gepolt. Eigentlich ist das der reine Wahnsinn, was wir heutzutage versuchen. Wir fahren zu zweit in den Urlaub und wundern uns, daß wir uns streiten. Dabei haben Männer und Frauen soviel gemeinsam wie Hund und Katze, und sie mißverstehen sich auch genausooft. Früher hat man in der Großfamilie gelebt und in der Dorfgemeinschaft, da wäre keiner auf die Idee gekommen, alles mit seinem Partner teilen zu wollen. Aber wir sind ja in den letzten 30 Jahren angeblich so blitzschnell über uns hinausgewachsen, daß wir auch dieses Problem meistern können. Von wegen. Die Bedürfnislage und Emotionalität ist einfach sehr, sehr unterschiedlich, und keiner sollte sich in irgendeine Richtung verbiegen müssen.

Jahrtausendelang haben Männer und Frauen ihre Freizeit getrennt verbracht, und das auch nicht umsonst, sondern weil sie völlig verschiedene Interessen und Betrachtungsweisen haben.

In einer Beziehung kann man nicht einfach von sich auf den anderen schließen. Das wäre das Falscheste, was man tun kann, und es wird auch nicht mit gleichem Maß gemessen.

31

Mag sein, daß mich die letzten drei Hardcore-Emanzen steinigen werden für das, was ich jetzt sage, aber ich bin ja nicht umsonst als »postfeministische Entertainerin« bezeichnet worden. Die Zeiten des Geschlechterkampfes sind für mich insofern vorbei, als ich sie tapfer durchgestanden habe. Ich habe mich weiterentwickelt und brauche mich nicht mehr nur daran zu orientieren, was einmal als großes Muß im Widerstand formuliert wurde. Also, meine Tips hier sind **nicht** für Frauen gedacht, die ihren Gleichberechtigungskampf noch nicht abgeschlossen haben. Es gibt für diese Fälle 'ne ganze Menge anderer Bücher.

Ich rede hier aus der Sicht einer Frau, die berufstätig ist, somit nur selten zu Hause, die vielleicht sogar mehr verdient als ihr Mann und so gut wie nie die Zeit findet, zu kochen oder einzukaufen. So eine Frau muß keine Berührungsängste mehr mit alten Rollenmustern haben.

Ich finde es ganz wichtig, morgens zähnegeputzt und schon etwas geschminkt mit einem leichten Hauch Rouge auf den Wangen und einer wie zufällig locker hochgesteckten Schlafzimmerfrisur in einem transparenten Negligé, mit einem Frühstückstablett ins Schlafzimmer zu schweben und meinem Geliebten das Gefühl zu geben, daß ich auch die ganz hingabevolle, verwöhnende Frau sein kann.

Das, was die Emanzipationsbewegung im Eifer des Gefechts an Sinnlichkeit über Bord gehen ließ, retten die Töchter der zweiten Generation hoffentlich noch, bevor es in Vergessenheit gerät.

Männer haben nun mal diesen Traum von alabasterleibiger Unschuld und jungfräulicher Reinheit. Versuchen Sie dem so lange Sie können gerecht zu werden. Es hat keinen Sinn, mit ihnen darüber zu diskutieren. Mal ganz abgesehen davon, daß ein Mann sowieso nicht gern redet. Die Idee der Gleichberechtigung ist zwar im Prinzip sehr wichtig und gut, muß aber unbedingt noch mehr an die gegebenen Unterschiede zwischen Mann und Frau angepaßt werden. Es lebe die Weiblichkeit, die uralte Kraft der erotischen Verführung, das alte Rollenspiel zwischen Mann und Frau. Je emanzipierter eine Frau ist, um so mehr sollte sie darauf achten, daß sie wenigstens in den wenigen Momenten des Privatlebens noch das alte Tier im Manne füttert, denn wir Frauen lieben es.

Ein kurzer Absatz zum Thema Strapse.

Ich merke aus den Reaktionen vieler Frauen, daß dieses Thema noch immer sehr Tabu-behaftet zu sein scheint. Ich persönlich liebe es, mich für meinen Geliebten »schön« anzuziehen. Ich ziehe mich zurück und bastle mir je nach Laune aus einer Schublade voller angesammelter Negligéteile ein supergeiles Outfit.

Allein das Anziehen dieser Dinge erregt mich schon so, daß es sich auch lohnt – obwohl einem selbst die kreativsten Ideen sofort wieder vom Leib gerissen werden.

Mein Tip – eine monogame Beziehung wird auf die Dauer durch solche Rituale sehr belebt.

Geben Sie's doch zu, keine will 'nen unmännlichen Softy, und Gott sei Dank sind wir alle zusammen sehr schnell zu diesem Punkt gekommen. Auch die Männer haben geschnallt, daß dieser Typ nicht mehr ankommt, und sind jetzt verständlicherweise sehr verwirrt und entwurzelt.

Mein Tip am Rande: Schicken Sie Ihren Süßen doch unbedingt zu einem »Männerworkshop«, z. B. über Bilichi, Tel. 00 41/1/3 70 15 61.

Männer brauchen Initiationsriten, Umgang mit anderen und vor allem auch älteren klugen Männern, denn sie haben fast alle ein völlig gestörtes Verhältnis zu ihren Vätern und ein viel zu enges Verhältnis zu ihren Müttern und deswegen noch gar kein rechtes Verhältnis zu ihrer eigenen Männlichkeit. Lassen Sie ihm seine Fußballabende, und regen Sie ihn zur festen Einrichtung einer Herrenrunde an, denn Männer können nur begrenzt Umgang mit weiblicher Energie ertragen. Sie brauchen viel Sport, um ihre Aggressionen zu kanalisieren und Umgang mit ihresgleichen. Es lebe die Männlichkeit, jawohl!

Der kleine Unterschied

Frauen unterhalten sich, suchen Rat beieinander und finden es spannend, etwas neues beigebracht zu bekommen. **Ihm** vergeht schlagartig die Laune, sobald sie sagt: »Aber Liebling, mach doch einfach so, das geht viel einfacher.« Natürlich hat die ganz normale Frau heute längst das tiefenpsychologische Rüstzeug auf Lager, um sich genau zu erklären, was da jetzt gerade für Ängste bei IHM losrattern, und daß das alles nur Unsicherheit ist, und womöglich glaubt sie auch, die richtige Therapie zu kennen, mit der man IHN wieder in den Schoß des Normalen zurücklotsen könnte, aber lassen sie es doch einfach bleiben.

Gehen Sie ihre eigenen Wege, und lassen Sie ihn in einem akuten Liebesanfall wieder Ihre Nähe suchen.

Der alte Satz erfahrener Mütter »Du mußt klug sein, Kind« heißt also nix anderes als: »Laß die Typen so oft du kannst in Frieden und spinne dich anderweitig aus. Das größte Mißverständnis bei Frauen liegt in der Sehnsucht, mit ihrem Mann alles teilen zu wollen, weil Frauen eben gerne teilen.

Ob es ihre Gefühle sind, ihre Hobbys, ihre Träume oder ihre Interessen, aber für einen richtigen Mann gibt es keinen schlimmeren Alptraum, als sich volle Kanne auf das Gefühlsleben seiner Partnerin einlassen zu müssen. Er fürchtet viel zu sehr, daß da alte Verletzungen aufgearbeitet werden müssen. Und deswegen läßt man das besser und beschäftigt sich als kluge Frau lieber mit Freundinnen, oder mit anderen Typen oder mit sich selbst, was im übrigen das Vernünftigste ist, weil es am meisten bringt.

Strapse – nicht nur für Fotos immer wieder gern genommen.

»Das alte Lied vom kleinen Unterschied«

Strophe 1:

Sie kleidet sich schick vom
Büro bis ins Bett
Er trägt immer das gleiche Jacket
Sie sagt »Ich bin fertig«
Zieht sich dann doch noch mal um
Er steht im Mantel da und nörgelt rum
Sie heult bei jedem Kitsch und Schund
Und ziemlich oft auch völlig ohne Grund
Ihn sah man nur einmal weinend liegen
Sein Fußballclub war abgestiegen

Refrain:

Das ist das alte Lied
Vom kleinen Unterschied
Das stimmen Frau und Mann
Immer gerne an
Das ist das alte Lied
Vom kleinen Unterschied
Denn der liegt beileibe
Nicht nur im Unterleibe

Strophe 2:

Sie heiratet aus Liebe im Affekt
Er ist vernünftig, sieht den Steueraspekt
Sie hat nicht viel gelernt
Nur ein bißchen malen
Er muß ja für sie und für die Kinder zahlen

Er flucht sich die Seele raus im Stau
Und fährt wie eine gesengte Sau
Sie fährt nicht gern Auto
Denn sie fädelt schlecht ein
Und macht beim Parken immer
Häßliche Kratzer rein

Refrain:
Das ist das alte Lied
Vom kleinen Unterschied
Das stimmen Frau und Mann
Immer gerne an
Das ist das alte Lied
Vom kleinen Unterschied
Denn der liegt beileibe
Nicht nur im Unterleibe

Strophe 3:
Er ist im Streß und hat ständig Termine
Sie liest die Tips der Frauenmagazine
Denn wenn sie nicht mehr hübsch ist
Kommt die nächste dran
Tja so ist das nun mal
Zwischen Frau und Mann

Refrain:
Das ist das alte Lied
Vom kleinen Unterschied
das stimmen Frau und Mann
Immer gerne an
Das ist das alte Lied

Vom kleinen Unterschied
Der liebi hi biegt nicht nur im Glied!
tscha tscha tscha

Hat man erst mal begriffen, wie groß die Unterschiede wirklich sind, wird das Zusammenleben in einer Wohnung schon viel leichter, aber auch hier gibt es mannigfache Tricks anzuwenden, die man nicht unterschätzen sollte in ihrer Wichtigkeit zum Gelingen eines solch waghalsigen Experiments wie der Beziehung zwischen Mann und Frau.

Haben Sie es zum Beispiel geschafft, mit ihrem Mann die Arbeit im Haushalt tatsächlich aufzuteilen,

Männer und Frauen passen nicht zusammen.

ist es von großer Wichtigkeit, daß seine Aktivitäten bezüglich Kochen und Putzen trotzdem niemals genauso selbstverständlich hingenommen werden, wie das bei den ihrigen Bemühungen in die gleiche Richtung der Fall ist. Es mag zwar möglich sein, daß Sie sich die Arbeit relativ gleichberechtigt teilen, aber es ist ganz wichtig, daß Sie IHN wie wahnsinnig loben dafür, daß er ganz normale Dinge getan hat, während er gleichzeitig nur ein Adlerauge dafür hat, ob es nicht doch mal passieren könnte, daß SIE ihrerseits zuwenig getan haben könnten. Egal.

Die Resultate zählen, und nicht die Worte. Trägt zum Beispiel ein Mann den Müll runter, bringt was zum Essen mit nach Hause oder hat gar abgespült, haben sich Sätze bewährt wie: »Oh, du mein Kluges... Überaus praktisches, Mitdenkendes, mein Fleißiges«, oder auch: »Wie hast du das gemacht? Das ist ja ganz toll! So könnte ich das nie.« Egal, wie anstrengend der Job ist, den sie gerade hinter sich haben, geben sie ihm trotzdem das Gefühl, daß er sich selbstlos für seine Sippe aufarbeitet, und ohne ihn und seine Bemühungen und ohne sein Verantwortungsgefühl wären alle anderen Versuche, die Familie am Leben zu erhalten, zum Scheitern verurteilt. Das sind ganz archetypische Verhaltensmuster, die darf man niemandem wegnehmen, das sind genetische Programmierungen, die haben sich im Laufe von Tausenden von Jahren herausgemendelt, so was kann man nicht in 20 Jahren abschalten oder wegdiskutieren.

Das witzige ist ja, daß Männer sich oft von Frauen angezogen fühlen, die eine gewisse Hilfsbedürftigkeit ausstrahlen, mit anderen Worten »Männer helfen gern«...

Man muß es nur entsprechend vortragen. Die Art mancher Weiber, darauf 'rumzupochen, daß sie jetzt die Nase voll hätten, ihm seinen Scheiß hinterher-zuräumen, das erinnert IHN zu sehr an die traumatischen Erlebnisse mit seiner Mutter.

Also mein Tip: Formulieren sie die Dinge eher so:

»Mein Tier, mein wilder unbezwingbarer Held, dem ich völlig verfallen bin, mein Retter, könntest du mir einen ganz kleinen Gefallen tun, ich stecke unheimlich in der Bredouille, und schaffe es allein unmöglich, du bist der einzige, der mir helfen kann, ich bin vollends verloren ohne dich.« ect. pp., und wenn er dann nach dieser Vorrede den Tisch gedeckt oder den Wein auf-gemacht hat – das Loben nicht vergessen!!

Phase 3

Meine Mutter hat immer gesagt:

»Getrennte Schlafzimmer sind das Geheimnis einer guten Ehe.« Ich bin ja nun ganz bewußt und mit Absicht nicht verheiratet, aber meine Mutter hat fast immer recht. Naja, sie hat auf jeden Fall über 30 Jahre eine sehr intensive und glückliche Beziehung gelebt, und deswegen kann ich mir gut vorstellen, daß der Tip nicht schlecht ist.

Ich könnte auch nicht jede Nacht mit meinem Freund in einem Raum verbringen. Ich will lesen, schreiben, mit der Katze schmusen, 'rumgeistern und rumpupsen, wie ich will. Ich kann nicht nachts auch noch auf mein Äußeres achten, und ich finde, ein »Schäferstündchen« gehört auch gefeiert. Ich liebe es, mich vorher zu duschen, einzucremen, mir was Hübsches anzuziehen, schönes Licht zu machen, Champagner zu trinken und die Außenwelt absolut auszuschalten. All diese Dinge passen bei mir am besten nach dem Frühstück oder am Nachmittag, aber nie morgens nach dem Aufwachen oder abends vor dem Einschlafen. D. h. wir finden uns sowieso extra zusammen, um miteinander zu schlafen.

»Schlafen gehen« ist wieder was ganz anderes. Mein Süßer braucht immer, Sommer wie Winter, ein offenes Fenster. Ich habe mir von einer Koryphäe glaubhaft versichern lassen, daß es ungesund ist, in einem kalten Raum zu schlafen, selbst wenn man unter einer warmen Decke liegt. Der Körper mißt die Raumtemperatur an der Atemluft, und wenn die Luft kalt ist, heizt er die ganze Nacht durch. Das heißt, Ihr Organismus ist die ganze Zeit angeschaltet und am arbeiten und kann sich nicht richtig entspannen. Außerdem holt man sich viel leichter Verspannungen durch Zugluft im Nacken und im Schulterbereich.

Ich glaube, daß es eine alte sexualfeindliche Unsitte ist, die Menschen im Winter dazu zu verdonnern, im eiskalten Schlafzimmer liegen zu müssen. Ich persönlich habe die Erfahrung gemacht, daß ich keinerlei Sauerstoffmangel oder schlechte Träume habe, wenn ich unter Tags mal lüfte und dann einfach nur die Heizung auslasse, aber das Fenster schließe.

Lassen Sie sich nicht unterkriegen ...

Beziehungen gehen heutzutage leider oft – trotzdem man alles richtig zu machen versucht – in die Brüche.

Ich bin ein Mensch, der einen Mann an seiner Seite braucht, sonst bin ich einsam, unglücklich, abgelenkt durch die Sucherei nach 'nem neuen, depressiv, ungefickt...

Mit anderen Worten: »Ich bin ein Pärchentier.«

Um so wichtiger ist es für mich, den richtigen Partner zu haben, weil er in gewisser Weise das Zentrum meines gesamten Privatlebens bildet.

Ich habe Jahre meines Lebens in den Sand gesetzt, weil ich früher nicht die Traute hatte, mich von einem Mann zu lösen, der mir nicht guttat, einfach aus Angst vor dem tiefen, endlos langen Tunnel der Einsamkeit, durch den ich dann wieder zu gehen hätte.

Das war ein großer Fehler, der mich viel Zeit gekostet hat, aber irgendwann wurde **ich** dann Gott sei Dank verlassen.

Ich habe immer so hart an mir gearbeitet, weil ich mir gesagt habe:

Je hübscher, klüger, witziger und erfolgreicher ich bin, desto größer sind meine Chancen, einen richtig tollen Partner zu finden. Und wenn ich jetzt toll sage, meine ich nicht nur gutaussehend...

Ich habe da, glaube ich, ziemlich hohe Ansprüche, und auch dementsprechend immer ganz schön lange Durstphasen überwinden müssen, wenn Schluß war, aber drunter geht's auch nicht. Ein toller Mann ist für mich in erster Linie: einer, der mich nicht unterdrückt, sondern der mich fördert.

Der die Dinge, die ich mache, ernst nimmt, der mir hilft und sich auch mal nach mir richtet. Einer mit dem man reden kann, d. h., der eine gewisse Bewußtheit hat über sich und mich und was so abläuft zwischen uns, die Muster, die Mißverständnisse, die Projektionen.

Klar ist es auch ganz wichtig, daß er mich als Mann anturnt und mir gefällt.

Außerdem muß er sein Leben auf die Reihe kriegen und genügend Selbstbewußtsein haben, um neben mir zu bestehen.

... von ihrer Angst.

Das ist nicht wenig, trotzdem sind all das nur die Grundvoraussetzungen.

Dann muß es auch noch wirklich funken, und er darf noch nicht vergeben sein und, und, und...

Tja, wenn man sich am Ende einer Beziehung befindet (wissend, daß jetzt wieder die große Suche und Warterei losgeht), ist das schon eine Katastrophe.

Wenn man verlassen wird, ist das 'ne große Scheiße.

Aber wenn man verlassen wird, ist das auch 'ne große Chance:

Plötzlich gehört Dein Leben wieder Dir
plötzlich hast Du ganz viel Zeit
Du kommst nach Hause und alles ist still
da ist keiner mehr, der schreit

Genieße die Zeit der Einsamkeit und schreib und schreib und schreib

geh' jeden Tag ein bißchen weiter und such Dir Deine Blitzableiter

Dein neues Du, das für sich lebt und plötzlich auf eigenen Beinen steht

hast Du Dich selber schon erkannt? Oder bist Du nur anderen nachgerannt?

Das klingt zwar paradox, aber...

Die wichtigsten Phasen und die intensivsten meines Lebens waren die, in denen ich ganz alleine und verlassen war. Ich habe gelitten wie ein Schwein, mir die

Augen aus dem Kopf geheult und hatte unglaubliche Ängste, für immer einsam zu bleiben, aber:

Ich habe soviel gelernt, soviel für mich getan, mich so weiterentwickelt und bin mir über die wahren Ziele meines Lebens so deutlich klar geworden, daß ich im nachhinein dankbar bin, durch diese Höllen gegangen zu sein.

Wenn ich heute drehe, und ich muß eine Szene spielen, in der ich traurig und einsam bin, muß ich nur daran denken, wie panisch einsam und verlassen ich mich gefühlt habe, nachts auf der Straße, als ich in der Telefonzelle stand und mein Freund mir eröffnete, daß Schluß ist. Davon habe ich heute noch Alpträume.

Aber ich werde auch nie vergessen, was für ein unglaubliches Hochgefühl meinen ganzen Körper durchströmt hat, als ich durch dieses Tal durch war und auf einmal gemerkt habe, ich brauche nichts und niemanden, ich bin stark, und ich schaffe es auch allein. Ich war gerade beim Joggen im Park, und die Sonne fiel durch das Laub, und von einem Moment auf den anderen war nach einem Jahr die Trauerzeit vorbei.

Jetzt zu den Tips für die Zeit der Einsamkeit:

Gehen Sie alles an, was bisher zu kurz kam in Ihrem Leben, und von dem Sie glauben, hoffen, ahnen, daß es Ihnen guttun könnte.

Bei mir ist das in erster Linie Ballett. Sobald ich wieder an der Stange stehe, überkommt mich ein völlig unerklärliches Hochgefühl, und ich fühle mich fleißig, sonnig, vielversprechend.

Oder alleine wegfahren, gegen meine Ängste kämpfen. Jeden Tag eine Boje weiter raus ins Meer schwimmen. Meine ganze Wohnung umstellen, schön machen, aufräumen, alte Sachen auspacken und wieder an die Wände hängen.

Mich pflegen, fit machen, Fastenkuren oder sonstige Gesundheitsprogramme durchziehen.

Meiner Meinung nach ist das Wichtigste:

Belegen Sie Kurse, nehmen Sie Workshops oder gehen Sie zu irgendeinem Volkshochschulkurs. Sie werden neue Leute kennenlernen, neue Inhalte erobern, neues Terrain erkunden. Besinnen Sie sich auf alte, unerfüllte Träume oder auf abgebrochene Versuche. Sie müssen nicht daran glauben, daß Sie das ferne Ziel noch erreichen, aber seien Sie vorsichtig mit Wünschen, die gehen nämlich öfter als man denkt in Erfüllung. Tun Sie alles, was frischen Wind ins Hirn bringt. Alleine zu verreisen ist eine wunderbare Kur, darauf komme ich gleich zu sprechen.

Tips gegen die Angst:

Lustige Filme in der Videothek leihen, damit man nachts, wenn man vor Kummer nicht schlafen kann, eine Ablenkung hat. (Ich schwöre auf Walt Disney und habe mir »Alladin« schon dreimal hintereinander in einer Nacht angesehen.)

Was man in den harten Zeiten nach einer Trennung **nicht** machen sollte:

Alleine ausgehen und in den Kneipen nach einem

neuen Mann suchen. Das funktioniert so nie, und man macht sich nur noch einsamer und unglücklicher.

Mit dem Erstbesten gleich wieder rummachen. Die Seele muß erst verarbeiten, und man schleppt den ganzen Kummer in die nächste Beziehung. Wenn der Neue toll ist, wäre es schade um ihn, wenn er blöd ist, vergeudet man wertvolle Zeit und handelt sich nur noch mehr Demütigungen und Verletzungen ein. Außerdem verpassen Sie damit den wichtigsten Prozeß – nämlich zu lernen, auf eigenen Beinen zu stehen und zu erkennen, was überhaupt das Ziel Ihres Lebens ist.

Irgendwelche Drogen nehmen. Alkohol, Haschisch, ect., pp., alle diese Substanzen sensibilisieren und lassen die Angst nur noch größer werden.

Traurige Musik hören, traurige Filme gucken, traurige Menschen treffen.

Irgendwann geht's von alleine bergauf und man entdeckt die Vorzüge des »Alleinseins«, und dann ist die Angst davor, den neuen Partner wieder zu verlieren, erträglich, und man ist reif für eine gute und kritische neue Beziehung.

»Allein Sein«

Lieber magisch wie im Märchen
Als ein olles Alltagspärchen
Liebe kann noch so mächtig sein
Man zieht sich doch nur Ärger rein
Ohne Mann wird man hofiert
In der Gegend 'rumchauffiert
Das wovon ich stets geträumt
Hätt' ich um ein Haar versäumt

Allein sein kann so schön sein
Ständig klingelt das Telefon
Ich entwickle mich zur Attraktion
Allein sein kann so schön sein
Endlich wieder überall dabei zu sein
Allein sein kann so schön sein

Ich bin Gast auf allen Partys
Ohne Freund ist alles gratis
Der eine is' witzig der andere klug
Der dritte tanzt verteufelt gut
Jeder Mann is' No. One
Wenn er mich unterhalten kann
Das alles hätt' ich fast versäumt
Und nur wegen meinem Freund

Allein sein kann so schön sein
Die Verehrer wer'n immer mehrer
Mich zu kriegen wird immer schwerer
Allein sein kann so schön sein

Endlich wieder überall dabei zu sein
Allein sein kann so schön sein

Ich geh lieber ohne Gemahl
In mein Lieblingsstammlokal
Solo sein und hip und fit
Ist 'ne Zeit lang tierisch schick
Wichtig ist sich auszutoben
Vor'm Beziehungsernstfall proben
Denn dann haste nichts versäumt
Und das freut den neuen Freund

Allein sein kann so schön sein
Die ganze Liebe geht nur dann
Wenn man auch alleine sein kann
Allein sein kann so schön sein
Um irgendwann dann richtig geil vereint zu sein
Allein sein kann so schön sein

Wissen Sie, woran man merkt, daß Bier tatsächlich weibliche Östrogene enthält? Wenn man zuviel davon trinkt, fängt man an Blödsinn zu reden und kann nicht mehr Auto fahren, ha ha.

Feste feiern

Das Schönste am Alleinsein ist, man hat viel Grund und Zeit, Partys zu feiern.

Schöne Partys zu organisieren, war schon seit meiner Schulzeit eine meiner Lieblingsbeschäftigungen. Ich wurde zur Schulsprecherin ernannt und schaffte es, dreimal wiedergewählt zu werden, einfach weil wir die geilsten Feten veranstaltet haben. Später in meiner WG am Goetheplatz war dreimal im Jahr Partyzeit, und ich habe wochenlang am Telefon gehangen und alle netten Leute auf der Straße eingeladen und jedem gesagt, er solle jeden mitbringen. So entwickelten sich rauschende Feste, die ich mir natürlich nicht leisten konnte. Also mußte jeder, der kommt, sich mit seinem Lieblingsgetränk versorgen. Ich hatte einen großen Topf Tschai (das sind zwei Liter Rum mit eingelegten Früchten und Glühweingewürzen, sechs Liter Rotwein und sechs Liter schwarzen, kurzgezogenen Tee). Damit bleiben die Leute wach und werden trotzdem lustig angeschickert.

Zu essen sollte man seinen Gästen nur wenig geben. Zuviel essen macht nur müde. Ich hab' bei Aldi Mischbrot, Margarine und Marmelade gekauft. Das war's, und mehr bracht's auch nicht, wenn's wirklich lustig ist, und lustig ist es, wenn viele unterschiedliche Leute da sind.

Langweilig wird es, wenn man ganz selektiv ist und nur die tollen Leute einlädt. Die kommen dann nämlich nicht, weil sie sich vor Partyeinladungen kaum noch retten können. Wie oft habe ich es schon bei Einladungen erlebt, daß 15 bedrückte Menschen um ein gigantisch teures Buffet standen und um 23:30 Uhr vollgefressen nach Hause gegangen sind.

Viele Leute, viel Alkohol, wenig zu essen ist das Geheimnis für eine gute Party und viel Kaffee, dann Spiele und Performance-Einlagen. Verschiedenartige, nicht zu laute Musik – möglichst ein Zimmer zum Tanzen und der Rest so, daß man sich unterhalten kann. Wir hatten auch ein Schmuse-Zimmer mit Matratzen, ein Session-Zimmer mit Live-Musik und ein Zimmer mit einer kleinen Bühne. Gabi Lodesmeier, Jörg Maurer, Phillip Sonntag, Peter Spielbauer, Fatsch Wagoni und Eisi Gulp sind bei mir, lange bevor sie bekannt wurden, aufgetreten. Unbedingt auch alle Nachbarn und Arbeitskollegen einladen. Die Familie und alle Ex-Freunde und alte Schulkameraden und jeden, mit dem Sie schon immer mal reden wollten, sich nur noch nicht getraut haben.

Wenn Sie Ihren Gästen trotzdem was zu essen angedeihen lassen wollen – die Zeiten haben sich ja doch geändert. Die billigsten Catering-Firmen sind die, die für Filme arbeiten. Also keinen teuren überzickten Partyservice, sondern ein rießiger Topf leckerer Kartoffelsuppe. Meine Lieblinge sind CSM Catering Service in München (0 81 05/86 63). Die bringen auch das Geschirr und nehmen es dreckig wieder mit. Außerdem haben sie eine riesige Auswahl absolut leckerer Sachen und sind echt günstig. So was gibt's bestimmt in jeder Stadt.

Ein wichtiger Tip: Organisieren Sie trotzdem vorher schon zwei bis drei Freunde, die Ihnen beim Aufräumen helfen, sonst gibt's ein böses Erwachen. Übrigens, das Ganze funktioniert auch völlig unvorbereitet. Wir haben schon nachmittags beschlossen, heute betrinken wir uns. Zehn Leute haben mitgemacht, und es wurde einer der lustigsten Abende meines Lebens.

Alkohol

Wenn Sie auf einer Party sind und Sie trinken, um sich vorsätzlich der Haltlosigkeit dieses wunderbaren Rauschzustandes hinzugeben, tun Sie ruhig alles, um betrunken zu werden, aber ersparen Sie Ihrem Körper – wenn's geht – unnötige Strapazen.

Hier ein paar gängige Tips:

Bei einem Gesöff bleiben, lieber nicht durcheinander trinken. Am schnellsten wirken klare Sachen, und die geringsten Nebenwirkungen am nächsten Tag hat man mit 'nem guten Wodka oder Tequila. Wenn Sie dazu noch viel Zitronen- oder Limonensaft trinken oder zumindest vor dem Schlafengehen eine frisch gepreßte Zitrone plus 'ner Alka Selzer einwerfen, verhindern Sie größere Kater. (Kein Aspirin vor dem Schlafengehen, erst am nächsten Morgen.)

Ein wichtiger Tip ist auch – betrinken Sie sich niemals auf nüchternen Magen, essen Sie öl- oder fetthaltige Sachen, bevor Sie zu trinken beginnen.

Das überzieht Ihre Magenschleimhaut mit einem schützenden Ölfilm.

All das weiß man, aber jetzt kommt mein »Sissi-Spezial-Trick«: Der Körper nimmt den Alkohol vor allem auch über die Mundschleimhäute auf – je länger Sie also den Tequila im Mund lassen und damit gurgeln, um so stärker wirkt ein kleiner Schluck.

Die Jungs sagen immer Sachen wie: »Hau weg die Scheiße« und kippen sich das Zeug in unglaublichen Mengen und unglaublicher Geschwindigkeit hinter die Binde. Ich propagiere die »Gurgel-Methode«, ich finde es auch viel genießerischer, Tequila, Wodka oder Whiskey in kleinen Schlückchen, immer wieder auf der Zunge zergehen zu lassen, zu gurgeln und dann zu fühlen, wie die heiße Schärfe in mir aufsteigt und meinen Rachen durchputzt. Außerdem merke ich viel bewußter, wann ich plötzlich hackedicht bin. Dann hat man eine reelle Chance aufzuhören und 1-2 Stunden auf Wasser umzusteigen, und wenn die anderen kotzend auf dem Klo 'rumhängen, geht's bei mir nochmal mit 'ner 2. Runde richtig los. Am nächsten Tag wird's Ihnen ihr Körper danken. Übrigens: Es ist erwiesen, daß Rotwein, der in Holzfässern gelagert war, total gesund sein soll.

Meine Devise zum Thema Abendkleider

»Herzeigen soviel man kann, solange man kann.« Ich finde es schade, wenn Schönheit ungesehen verblaßt. Kurze Röcke sind klasse! Aber meist nur mit schwarzen Seidenstrümpfen und Stöckelschuhen dazu. Lassen Sie sich von keinem Menschen auf der Welt einreden, daß es schick wäre, zu einem grünen, kurzen Rock grüne Seidenstrümpfe zu tragen. Ich habe noch nie gesehen, daß das jemandem gestanden hätte. Das ist der Grund, warum ich abends nur Schwarz trage. Bunt oder mit nackten Beinen kann man ja tagsüber sein.

Außerdem würde ich empfehlen, eine hautfarbene Strumpfhose unter den schwarzen Nylons zu tragen. Es ist eine typische Perfektionistenerfindung von mir, aber das Bein wirkt so viel ebenmäßiger, geradezu aus Porzellan, und Sie können Strümpfe mit weniger Blickdichte wählen.

Noch ein wichtiger Tip für Cocktailpartys: Immer ein Paar kleine, flache Schläppchen mitnehmen, am besten in einem lustig farblich abgestimmten Partyrucksack, den kann man auch, wenn man sehr betrunken ist, nicht verlieren, weil er festhängt. Außerdem hat man den Abend über die Hände frei. Ich hab einen ganz bezaubernden Rucksack, der aussieht wie ein Pelzhandtäschchen, aber mit Trägern dran.

Also, es kommt der Punkt, an dem keiner mehr so genau hinschaut. Etwas später dann, wenn es endlich fröhlich wird, da sind viele Frauen bereits von ihren Stöckelschuhen besiegt worden und wollen nur noch nach Hause, die glühenden Ballen unter den Wasserhahn halten. Just in diesem Moment ziehen Sie ihren kleinen Trumpf aus der Tasche und amüsieren sich noch bis in die frühen Morgenstunden auf flachen Sohlen mit dem harten Kern, was ja bekanntlich am lustigsten ist.

Jetzt zum Ausschnitt: Ich liebe es, mit einem Wonderbra, einem elastischen Oberteil und einer Sicherheitsnadel ein total tiefes Dekolleté zu basteln. (Achtung wichtig: Die Sicherheitsnadel in den elastischen Stoff so 'reinstecken, daß sie durch die gleichen Stoffschichten rein und auch wieder 'rausgeführt wird. Also durch den Bra wieder heraus, sonst zerreißt es leicht. Das ist pure Physik. Die Nadel versteckt man am besten unter einer frischen, duftenden Blume, dann haben die Jungs wenigstens einen guten Grund, die Sache genauer unter die Lupe zu nehmen.

»Ah ... Ist das denn eine echte Blume? Oh, die duftet aber wonderbra.«

Wie gesagt, ich verteile gerne Pollen, und solange man voller Treue in einer festen Beziehung steckt, kann man sich einiges erlauben.

Allerdings ...

es gibt Frauen mit pickeligem Dekolleté, Hühnerbrust und Hängetitten, die mit großer Begeisterung locker schlabbernde, tiefe Ausschnitte tragen. Ich kann dazu nur sagen: »Tun Sie's nicht.«

Womöglich sind Sie humorvoll, intelligent, eine hochinteressante Persönlichkeit, aber Sie werden es nie beweisen dürfen, weil Sie alle potentiellen Interessenten bereits mit dem ersten Eindruck in die Flucht geschlagen haben.

Fragen Sie einen guten Freund (nicht den eigenen, der hat Angst, was Falsches zu sagen, und es könnte ihre Beziehung hinterher belasten).

Fragen Sie Männer, von denen Sie glauben, daß sie ehrlich sind, und wenn Sie dann gesagt bekommen haben, welche Teile **nicht** zu Ihrer Schokoladenseite,

zu Ihren »Vorzeigeteilen« gehören, sollten Sie nicht darauf 'rumhacken nach dem Motto »Findest du wirklich, daß mein Arsch zu fett ist?«

Das bringt nichts. Gekonnt verdecken und heimlich was dagegen tun ist die beste Methode, mit solchen Oberflächlichkeiten umzugehen. Ihre Schokoladenseite jedoch sollten Sie ruhig zu Markte tragen. Es macht einfach Spaß.

Schmuck

Ich wundere mich oft darüber, wie Frauen sich mit billigem Modeschmuck oder auch teurem häßlichen Schmuck behängen, aber die wenigsten Menschen tragen die Art von Schmuck, die mir persönlich die liebste ist:

Frische Blumen und Federn.

Wenn ich mich hübsch mache, habe ich ein tiefes Grundbedürfnis, mir Blumen ins Haar zu stecken. Ich kann es nicht erklären, aber es ist für mich auch die kleidsamste Form. Früher hatte ich gestochene Ohrringe, die man ins Ohrloch einfädeln und dann zuclipsen mußte.

Ich habe jahrelang jeden Morgen auf dem Weg zur Schule zwei Efeublätter oder zwei Goldregendolden oder zwei dicke Löwenzahnblüten an meinen Ohren befestigt und hatte so »Naturohrringe«, je nach Jahreszeit. Oft sahen die Blüten getrocknet sogar noch besser aus.

Zum Thema Schönheit

Das Wichtigste ist, sich abends abzuschminken. Das sollte man wirklich sehr konsequent und gründlich tun, auch wenn man noch so müde oder besoffen ist. Ich verwende dafür niemals Wasser, weil unser Münchener Wasser viel zu kalkhaltig ist. Ich finde es viel angenehmer mit einer Emulsion und einem feuchten Wattebausch, oder auch Klopapier zweimal hintereinander das Gesicht zu reinigen. Dann mache ich auf meinen Wattebausch zum Gesichtswasser immer einen Spritzer Essig. Das erhält nicht nur den Säureschutzmantel der Haut, es bleicht auch ein bißchen die Sommersprossen oder Pigmentflecken, beugt Altersflecken vor und verfeinert die Poren. Oft nehme ich danach ein Frotteehandtuch und rubbel mein Gesicht, besonders dort, wo meine Haut zu Fältchen oder Unreinheiten neigt (außer natürlich unter den Augen), bis die Haut richtig gut durchblutet ist, und fange dann erst an, meine Pflegeprodukte aufzutragen.

P. S.: Beim täglichen Abschminken und Eincremen Hals und Dekolleté nicht vergessen, die sind der gleichen Belastung ausgesetzt und fast genauso oft zu sehen wie das Gesicht.

Tip: Man sollte die Cremes und Emulsionen am besten einklopfen.

Erstens wird dadurch die Zirkulation im Gewebe intensiv angeregt, zweitens dringen die Wirkstoffe so viel tiefer in die Haut ein,

drittens wird man dadurch im Laufe der Jahre so nebenbei eine ganz passable Percussionistin.

So ein Gesicht und vor allem auch das Dekolleté bieten die unterschiedlichsten Resonanzräume, man kann jeden Abend üben und irgendwann mal auf einer Party für großes Hallo sorgen mit einer spontanen Backentrommel-Einlage.

Jetzt noch eine wichtige Information, die ich schon von einigen Kosmetikerinnen erhalten habe: Wechseln Sie öfter mal das Produkt. Meine Mutter hat ihr ganzes Leben lang *Arden* verwendet, und irgendwann hatte sie plötzlich eine allergische Reaktion darauf. Außerdem ist nach zwei, drei Töpfchen einer bestimmten Zusammensetzung ein gewisser Sättigungsgrad erreicht und die Haut wird faul (im Sinne von lazy – nicht faulig). Wenn man was anderes ausprobiert, werden sie eine Verbesserung der Wirkung für einige Zeit feststellen. Man kann ja zwischen drei, vier Lieblingsprodukten hin- und herpendeln. Ich z. B. verwende Augenkosmetik von *La Prärie, Shiseido* oder *Grandel,* Tagescremes von *Esteé Lauder,* ›*Anti Oxydation*‹ (die ist speziell gegen Umweltdreck), Nachtcreme auch *Lancaster* oder *La Prärie.* Ich finde es wichtig, sehr gute und meinetwegen auch teure Kosmetika zu verwenden, denn seinem Gesicht sollte man nur das Beste gönnen, man hat es ja nur für kurze Zeit.

Falls Sie zu kleinen Unreinheiten neigen, die sich einkapseln und nicht leicht 'rauskommen, versuchen

Sie mal die »Turn-around-Creme« von Linique. Wenn Sie richtig Pickel haben, kann ich Ihnen ›Epi Aberel‹ aus der Apotheke (verschreibungspflichtig) empfehlen. Beide regen durch Vitamin-A-Säuren ein leichtes Selbstpeeling der Haut an, und neue Zellen werden an die Hautoberfläche befördert und bringen Unreinheiten raus aus der Haut.

Hier habe ich einen ganz wichtigen Tip. Es gibt Drogerien mit Markenartikeln zu Discountpreisen. Man spart ganz schön, wenn man sich auf Vorrat eindeckt und nur alle paar Monate da mal extra hinfährt. Für mich hat es neben dem finanziellen auch noch andere positive Aspekte. Wenn ich 8 oder 9 Cremetöpfe gekauft habe, kann ich sie überall im Haus verteilen und denke eine Zeitlang ganz oft daran, mich noch und noch mal einzucremen – wie eine Kur. Außerdem freuen sich die Verkäuferinnen und geben mir massig Pröbchen mit, die man dann unterwegs verbraten kann. Und wenn man guter Stammkunde ist, wird man sehr liebevoll beraten und immer informiert über die neuesten tollen Produkte auf dem Markt. Es gibt ja Leute, die sagen, die ganzen Kosmetika seien ein einziger großer Schwindel, weil die ganzen Wirkstoffe nicht durch die Lederhaut hindurchgeschleust werden können.

Ich persönlich lasse einfach nicht gerne eine Chance ungenutzt und habe persönlich auch andere Erfahrungen gemacht. Ich habe Ansätze von kleinen Fältchen bekommen, als ich mich vernachlässigt habe, und konnte sie auch mit besonderer Pflege wieder wegbringen.

Allerdings, die Schmiererei ist nur ein kleiner Teil. Wichtig sind auch Lebensweise, Ernährung und Schlafgewohnheiten ect., pp. Wir werden auf all diese Themen noch zu sprechen kommen, aber das Aller-allerwichtigste, was es zu beachten gibt, bei der »Faltenprophylaxe« ist ein Tip, den hoffentlich schon jeder kennt:

Niemals das Gesicht der Sonne aussetzen

Und ich gehe an dieser Stelle noch weiter und sage: Auch das Dekolleté niemals in der Sonne brutzeln lassen, es ist auch empfindlich, neigt zu Falten, und Gesicht und Dekolleté passen sonst nicht mehr zusammen.

Ihre Tagescreme sollte immer einen hohen Lichtschutzfaktor haben, denn Ihr Gesicht ist ja tagtäglich auch ohne ein Sonnenbad den gesamten ungesunden Strahlungen ausgesetzt. Aber selbst wenn sie Ihr Gesicht mit Lichtschutzfaktor 30 über längere Zeit in die pralle Sonne knallen, werden Sie es irgendwann bereuen.

Es ist völliger Blödsinn, für ein paar Wochen Farbe im Gesicht hinterher ein paar Falten und Pigmentflecken mehr zu haben, die man dann das ganze Leben lang mit sich 'rumträgt. Außerdem wirkt helle Haut viel jünger und glatter. Es ist ein Umgewöhnungsprozeß, aber mit einem schönen, hellen Make-up werden Sie bald keine Bräune im Gesicht mehr vermissen. Vornehme Blässe ist in unseren Ozon-Zeiten voll angesagt. Ich verwende, wenn mein Körper braun ist, lieber eine gute Selbstbräunungsmilch, z. B. von *Juvena ›sunsation‹*, damit der Unterschied nicht zu groß ist.

Viele Leute reagieren ablehnend auf Selbstbräuner, aber man muß ihn nur richtig anwenden. Zuerst morgens ein leichtes Peeling, damit alle Hautschüppchen gleichmäßig abgetragen sind und kein fleckiger Untergrund entsteht, und dann den Selbstbräuner ohne irgendeine andere Creme ca. eine Stunde lang einwirken lassen. Erst nach dieser Einwirkzeit sollte man die normale Tagescreme auftragen. Morgens deswegen, weil Sie die Lotion am Kissen abschrubbeln würden, wenn Sie damit zu Bett gingen. Ich wende den Selbstbräuner nur höchstens einmal die Woche an, sonst wird es zu gelbstichig, aber meinem Teint gibt es einen schönen sonnenfarbigen Grundton.

Also: Lassen Sie nie mehr direkte Sonne an Ihr Gesicht, denn nichts läßt die Haut schneller altern als Strahlung.

Ich liebe Sonne, ich bete sie an und verbringe ganze Tage in der glühenden Sonne, aber ich trage Sunblocker im Gesicht, einen großen Hut, der Schatten macht auf mein Gesicht und Dekolleté – und immer eine Sonnenbrille. An den Körper lasse ich Sonne ran, der ist einfach ausgehungert und bekommt nur ein paarmal im Jahr seine Ration an Vitamin D, aber auch nur mit hohem Schutzfaktor. An den Beinen dauert es bei mir ewig lange, bis sie braun werden, also arbeite ich mich langsam runter mit dem Lichtschutz. Ich finde, drei verschiedene Stärken sollte man dabei haben, wenn man ein paar Wochen in die Sonne fährt, aber bloß nicht am Schluß nachlässig werden und denken, jetzt geht es auch mal ohne. Die Haut wird dadurch völlig ausgetrocknet, und bei der nächsten Abschuppung ist alles beim Teufel. Wenn Sie jedoch gnadenlos durchhalten mit dem Eincremen, kommen Sie zwar nicht so extrem knackebraun nach Hause, aber dafür hält sich diese Bräune über Monate.

Falls Sie doch mal übertrieben haben: *UVau Derm ›Sun care‹*-Aftersun aus der Apotheke ist das einzige, was hilft, wenn Sie aus Versehen eine Sonnenakne auf dem Dekolleté bekommen.

Ich bin ein großer Verfechter von Solarien. Wenn man es nicht übertreibt, immer schön das Gesicht und Dekolleté abdeckt und seine Bräune aus dem Urlaub halten kann, kommt man nie in diese Phase, in der man sich selber nicht mehr leiden mag, weil man so furchtbar käsig ist. Außerdem kann man sich im Solarium unheimlich gut einen 'runterholen. Ich finde Sonne wahnsinnig erotisch.

Schminktips

Kommen wir jetzt mal zum lebenswichtigen Thema Schminktips. Es gibt einfach ein paar Tricks, von denen weiß ich wirklich, daß sie die einzige Lösung waren, und ich mußte selber drauf kommen, weil mir, wie gesagt, keiner weiterhelfen konnte. Ich möchte Ihnen die Ergebnisse meiner jahrelangen Versuchsreihen hier nicht vorenthalten:

Wie bringe ich meinen Lippenstift dazu, wirklich kuß-, eß- und wasserfest zu sein?

Es gibt viel Werbung zu dem Thema, und es ist alles Lüge, was die einem verklickern wollen. Ich stehe eine ganze Show lang auf der Bühne, singe in ein Mikrophon, das ich an meine Lippen pressen muß, schwitze beim Tanzen und zieh mir 12 verschiedene Sachen über den Kopf und habe bis zur Pause keine Zeit, meine Lippen nachzuziehen. Also war ich gezwungen, mir was einfallen zu lassen und nach jahrelangen Experimenten bin ich zur optimalen Lösung gekommen.

Es gibt in vielen Apotheken den sogenannten ›Magic Lipstick‹ mit Henna, auch manche Kosmetikstudios führen ihn. Man muß ein bißchen suchen. Er ist auf den ersten Blick grün oder gelb, aber wenn man ihn auf die Haut, bzw. auf die Lippen aufträgt, verändert er seine Farbe und wird rosa bis lila. Ich ver-

wende ihn hauptsächlich für die Konturen, denn das Henna dringt als Pigment tief in die Haut ein, und wenn man jetzt mit trockenem Puderrouge die vorgemalte Linie noch mal nachzeichnet, und dann mit Gesichtspuder fixiert, hält es wirklich alles aus. Selbst Schwimmen, Essen, Singen, Naseputzen und Küssen. Wenn man seine Lippen formen möchte und an manchen Stellen ein bißchen über den Rand hinausmalen will, ist dieser Trick das einzig Wahre.

Also, man muß natürlich auch an die richtige Fundierung denken. Die Haut um die Lippen herum ist mit Make-up und Puder optimal vorbereitet. (Lippenstift nie auf die fettige ungepuderte Haut geben, da hält er nicht gut.) Ich trage sowohl den Lippenstift als auch das Puderrouge darüber mit einem Pinselchen auf. Vorsichtig! Den fettigen ›*Magic Lipstick*‹ nicht zu dick auftragen, sonst verschmiert er trotz Puder. Der fettige Anteil im Lippenstift verbindet sich mit den Puderfarbpigmenten, und man kann mit den Puderfarben auch noch schöne Abschattierungen erzielen. Ich modelliere meine Lippen, indem ich in den Mundwinkeln und oben auf dem Lippenrand dunkler werde, im Herzchen aber und in die Mitte der Unterlippe helleren Puder gebe. Leider ist der Hennalippenstift immer ein bißchen blaustichig, deswegen gehe ich immer mit warmem Rot oder kastanienbraunem Puderrouge drüber. Wenn Sie fertig gemalt haben, und den Gesichtspuder festgedrückt haben, macht das die Lippen zwar für einen Moment lang blasser, aber das vergeht gleich, und der gemalte Mund verschmilzt mit dem Gesicht und alles hält bombig.

Grundsätzlich gilt beim Schminken, alles was hell ist, tritt optisch hervor, alles was dunkel ist, geht zurück. Ich liebe es, mit solchen Effekten 'rumzuspielen und meinen Typ immer wieder neu zu erfinden. Die Auswahl der Farbtöne ist grenzenlos, aber ich möchte an diese Stelle noch mal darauf hinweisen, daß man **nicht** mit der Mode gehen sollte, sondern nur mit dem, was einem steht.

Ich zum Beispiel male, wie gesagt, die Grundierung mit einem lippenfarbigen Rot und gehe dann mit einem kastanienbraunen Lidschatten in die Mundwinkel und Konturen. Diese Farbmischung wiederhole ich auf meinen Augenlidern und in meinem Rouge. Genauer gesagt, nachdem ich die Lippen gemalt habe, bemale ich mit demselben Pinsel noch die Augendeckel mit einem Hauch Kastanienbraun (das macht meine Augen grün), und dann wische ich mit dem Finger, was auf der Lippe zuviel ist, ab und gebe es auf meine Backenknochen. Das ist jetzt kein großes Bühnen- oder Abendmake-up, aber es ist die schnellste Art, sich jeden Tag in sechs Minuten hübsch zu machen.

Ich komme übrigens immer mehr dahinter, daß es sich ganz schön lohnt, öfter mal am Tag Creme aufzutragen und das Make-up gleichzeitig aufzufrischen. Man fühlt sich attraktiver in der eigenen Haut, und die Umwelt reagiert auch entsprechend. Außerdem ist der einzig wirkliche Schutz gegen Falten, die Haut grundsätzlich niemals austrocknen zu lassen. Wenn meine Haut unter dem Augen sich irgendwie trocken anfühlt, zücke ich sofort mein kleines Probentübchen und klopfe ein bißchen Feuchtigkeit ein, z. B. *Darmatically Different Moisturing Lotion* von *Linique* oder eine Augencreme ein, wenn man es mit guten Feuchtigkeitscremes macht, leidet das Make-up überhaupt nicht. Im Gegenteil, kleine Ablagerungen in Lachfältchen gehen weg.

Klar, man wird manchmal dafür verarscht, aber egal.

Wenn Sie das ideale Make-up suchen, um wirklich ein ebenmäßig abgedecktes Gesicht zu bekommen

Nichts kann man so unauffällig und doch effektiv anwenden wie ›*Camouflage*‹. Das gibt es in speziellen

Bühnen-Make-up-Bedarfsgeschäften. Sie müssen nur genau Ihren Farbton finden und sich das in kleinen Einzeltöpfen kaufen. Dann haben Sie überhaupt keinen Ballast in Form von großen Fläschchen zu schleppen. Sie sollten es ganz sparsam mit der Fingerspitze auftupfen, nicht verreiben. Da Camouflage sehr trocken ist, sollten Sie unbedingt immer vorher etwas Creme auftragen und nur mit ganz feinem Puder drübergehen. Ich verwende Visiora-Puder und habe eine kleine, ganz dünne Puderquaste, die in die Dose noch 'reinpaßt.

Wenn Sie nicht viel abzudecken haben, kann ich Ihnen Joe-Blasko-Make-up wärmstens empfehlen.

Wissen Sie, wie man es nennt, wenn eine Blondine sich schminkt? »Naive Malerei«.

73

Auch nur in Spezialgeschäften erhältlich, aber die Suche lohnt sich, allein schon wegen der vielen Farbtöne, die sie da zur Auswahl haben. Das ist überhaupt das Wichtigste, daß Sie genau Ihren Ton treffen, und nicht etwa zu rosa oder gar zu dunkel werden.

Für mich hat sich sowohl privat als auch für den Film am meisten bewährt, partiell da abzudecken, wo ich es wirklich brauche: Es wirkt einfach sehr ungeschminkt.

Reduzieren Sie Ihr Make-up-Equipment so, daß Sie es immer bei sich haben können, ohne sich belastet zu fühlen.

Ich finde es wichtig, immer bereit zu sein für die großen Momente im Leben, und wenn mir der Mann oder auch der Regisseur meines Lebens an einem Tag über den Weg laufen würden, an dem ich kein Make-up dabei habe, würde ich mich ganz schön in den Arsch beißen.

Einen wunderschönen Trick habe ich vor kurzem erfunden: Ich habe in einer Duty-Free-Flughafen-Drogerieabteilung eine Schminkpalette mit Spiegel, Pinselchen, Puder, Puderquaste, Lippenstiftfächern und Lidschatten in sechs verschiedenen Farben und sogar mit einer kleinen Wimperntusche (und das auch noch von Lancôme) gekauft.

Ich habe vier der Lidschattenabteilchen leer gemacht und mit meinen Make-up-Tönen und Cremes gefüllt. Ich habe die Lippenstiftfächer ’rausgepopelt und meine Farben rein geschmiert und meinen Lieblingslippenpinsel und Rougepinsel abgebrochen, so daß sie 'reinpaßten. Jetzt kann ich das Etui öffnen und habe alle Zutaten plus Applikatoren und Spiegel auf einem Sitz griffbereit und kann mich eincremen, Make-up auffrischen und alles fein abpudern und Gloss auf die Lippen geben mit einem Handgriff. Kein ständiges Döschen-Rumhantieren, Suchen, Öffnen, Schließen, Fallenlassen und Danebenlaufen. Ich habe das Gewicht reduziert und meine Schminkzeit um ein Viertel verkürzt.

Ich brauche wohl nicht mehr zu sagen, daß die Zeiten, in denen Schminke die Poren verstopft hat, längst vorbei sind. Im Gegenteil: Ein gutes Make-up ist der beste Schutz gegen Dreck, Austrocknung und Strahlung. Also sollte man immer das Nötigste bei sich haben an Cremes und Farben.

Wenn es ein Produkt in einer großen Flasche ist, dann füllen Sie sich einfach etwas ab, in ein kleines Probendöschen. Solche Dinger kann man in Drogerien und Apotheken kaufen.

Jetzt noch ein paar Worte zu den Wimpern:
Es gibt von *Esteé Lauder* den *Lash Primer*. Das sieht aus wie weiße Wimperntusche. Es ist aber auch gleichzeitig die beste Unterlage für Wimperntusche. Ich lasse es trocknen und gehe dann mit meiner Lancôme Deficiels drüber.

Die Wimpern werden irre dicht und lang davon.

Da ich mir mal wärend Dreharbeiten mit einer Wimpernklemme meine gesamten Wimpern herausgerissen habe, biege ich sie heute lieber noch nach oben, indem ich die halbtrockenen frischgetuschten Wimpern von unten mit meinem Zeigefinger hochdrücke und sie so trocknen lasse.

Ich hasse diese Prozedur des »Wimpern-Abschminkens«. Ich gebe abends diese Abschminke von *Juvena ›Conditioning Removergel‹* darauf, und meine Augenbinde besorgt über Nacht den Rest. In der Frühe habe ich abgeschminkte Wimpern und muß nur hin und wieder das Augenbindetuch wechseln – auch wieder Zeit gespart!

Es gibt übrigens auch kleine Wimpernbüschel, sogenannte »Permanent Lashes«, die man ganz unauffällig in den eigenen Wimpernkranz einkleben kann. Man muß das Büschel mit einer Pinzette nehmen, es am Ansatz in Wimpernkleber eintauchen und dann mit einer Nagelschere das kleine Knötchen abschneiden. Jetzt hält nur noch der Kleber (am besten nimmt man den schwarzen »Duo«) die feinen 5 Härchen zusammen, und man setzt sie an den Ansatz der eigenen Wimper. Das ist eine Kunst, die ich aufgrund meines ausgerissenen eigenen Wimpernkranzes bis zur Perfektion gelernt habe. Wenn man es beherrscht, merkt nicht mal der eigene Freund, warum sie heute so schön sind. Wimpern machen irre viel aus. Selbst im Urlaub, wenn ich sonst ganz ungeschminkt bin, tusche ich sie mir. Hier noch eine Warnung:

Ich kann Ihnen nur abraten von diesen Klebern, mit denen man angeblich wochenlang seine »Permanent Lashes« tragen kann. Sie verlieren und zerstören Ihre eigenen Wimpern komplett damit, und es dauert ewig, bis die wieder nachwachsen.

Ich mache mir privat am liebsten einen Dutt, direkt oben auf dem Kopf. Im Alltag finde ich das viel angenehmer, als offene Haare herumfliegen zu haben, und es steht mir.

Wenn ich mich hübsch mache, möchte ich am liebsten einen Lockenkopf. Also zerteile ich, wenn ich einen Dutt mache, meinen Pferdeschwanz oben auf dem Kopf in 4 Strähnen, die ich kräftig mit »Schnellfrisur« einsprühe und um 4 Bänder zwirble. Das heißt, ich verdrehe die Strähne so fest in sich, wie es geht, und winde sie dabei auch noch um das Bändchen. Dann lasse ich das Ganze einmal einknicken und wickle den Rest des Bandes um den Ansatz der Strähne und fixiere es mit einer Haarklammer. Die Schnellfrisur trocknet, wie der Name schon sagt, nach relativ kurzer Zeit.

Wenn ich dann den Dutt (mit dem man übrigens gemütlich schlafen kann) öffne, habe ich einen Haufen Locken. Diese Art von Lockung ist übrigens auch extrem haltbar und hängt sich nicht so leicht aus, weil das »In-sich-Verdrehen« dem Haar Sprungkraft verleiht. Allerdings verfilzen die Haare hinterher ziemlich, und man muß sich gut Zeit nehmen fürs Auskämmen. Dafür gibt es Gott sei Dank das geniale »Osmose Spray« von Kéralogie. Man muß leider ein bißchen danach suchen. Nicht alle Friseure, die Kéralogie führen, haben es im Sortiment, aber es macht das Haar total weich und geschmeidig, man kann es ganz leicht auskämmen, es schützt mit einem Film, repariert Spließenden, und wenn es getrocknet ist, gibt es dem Haar wunderschönen Glanz, ohne daß es in irgendeiner Weise schwer wird oder an Volumen verliert.

Wenn ich die Locken hochstecken möchte, kommen die verschiedenartigsten – von Frau Diane Brill inspirierten – Unterbauten zum Einsatz. Man kann so etwas kaufen, aber ich schneide lieber Haarteile auseinander und forme sie mir, wie ich es brauche. Man muß diese kleinen Haarnester nur fest an der richtigen Stelle am Kopf befestigen, ohne daß es ziepst, dann die eigenen toupierten Haare drüber frisieren und dann ins Haarteil sämtliche Klämmchen reinknallen. Dies erleichtert den Aufbau der Frisur erheblich. Außerdem wirkt es mit Unterbau natürlich voluminöser, und man hat einen schöneren Hinterkopf.

Zum Thema Haare gibt es noch einige entscheidende Details zu berichten: Verbieten Sie Ihrem Friseur und natürlich auch sich selbst die alte Unsitte, Haare in nassem Zustand auszukämmen. Ich habe mir früher meine feinen Haare genau damit regelrecht ruiniert. Ein nasses Haar ist dehnbar, und wenn man es langzieht, bricht es hinterher im trockenen Zustand viel, viel leichter ab. Im trockenen Zustand geht Auskämmen wunderbar, vor allem, wenn Sie bei starkem Filz das oben erwähnte »Osmose Spray« zur Anwendung bringen.

Sie sollten Ihre Haare nach dem Waschen warm ausspülen, dabei öffnen sich die feinen, ziegelartigen Schuppen. Dann geben Sie Haarpflegeprodukte darauf, lassen sie einwirken und spülen diese dann kühl raus. Dabei schließen sich die Schuppen, und das Haar bleibt vollgesogen mit den Wirkstoffen. Ganz kalt

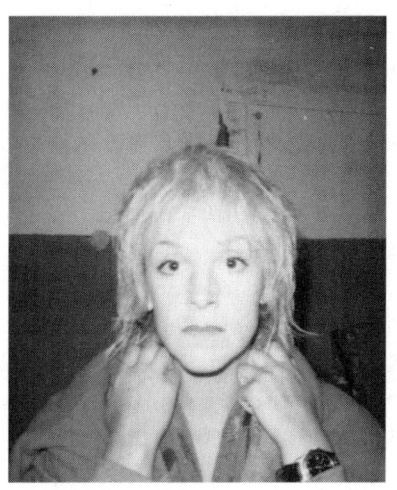

Vorher...

...und nachdem ich meine Tips angewendet habe.

nachzuspülen weckt auf, regt die Durchblutung der Kopfhaut an und verhindert schnelles Nachfetten. Mit Essigwasser nachspülen verleiht tollen Glanz.

Wenn Sie feines Haar haben, knallen Sie einfach grundsätzlich nach dem Waschen, wenn das Haar ganz trocken ist, mal 'ne ganze Ladung Stylingfoam drauf. Soviel, daß es davon schon wieder naß wird, und zwar durch und durch. Sie werden sehen, wenn Sie es in wiederum trockenem Zustand einmal ausgebürstet haben, werden Sie sich fragen, wieso die Hersteller immer was von »walnußgroßen Portionen« schwafeln, die es im Haar zu verteilen gilt. Meine Devise bei Haarschaumfestiger: nicht kleckern, sondern klotzen.

Wenn Sie wollen, daß Ihre Haare schneller wachsen und dichter werden, dann schneiden Sie sie bitte nur an den Löwentagen im Frühjahr. Das ist kein Witz, ich habe es selber ausprobiert und habe mir von März bis Juni jeden Monat an einem Löwentag die Spitzen geschnitten. Seitdem habe ich wirklich schönes Haar zum erstenmal in meinem Leben. Was ein Löwentag ist, steht in dem hochinteressanten Buch »Vom richtigen Zeitpunkt« von Paungger und Poppe, und den Kalender für die nächsten sechs Jahre kann man in jedem Buchladen für zehn Mark kaufen. Dieses Buch ist eine Investition, die sich auch auf viele andere Bereiche Ihres Lebens positiv auswirken wird.

Was mir ein völliges Rätsel bleibt, ist die Tatsache, daß 90% aller Friseure, die sich nun wirklich mit so einem Thema beschäftigen sollten, noch nie von all dem gehört haben, obwohl dieses Buch schon seit Jah-

Oben: So schaut Sissis gesundes Frühstück aus
Unten: In der Maske

Die heilige Ordnung am Schreibtisch

Der Abendgemahl

Wo ist der Mann?

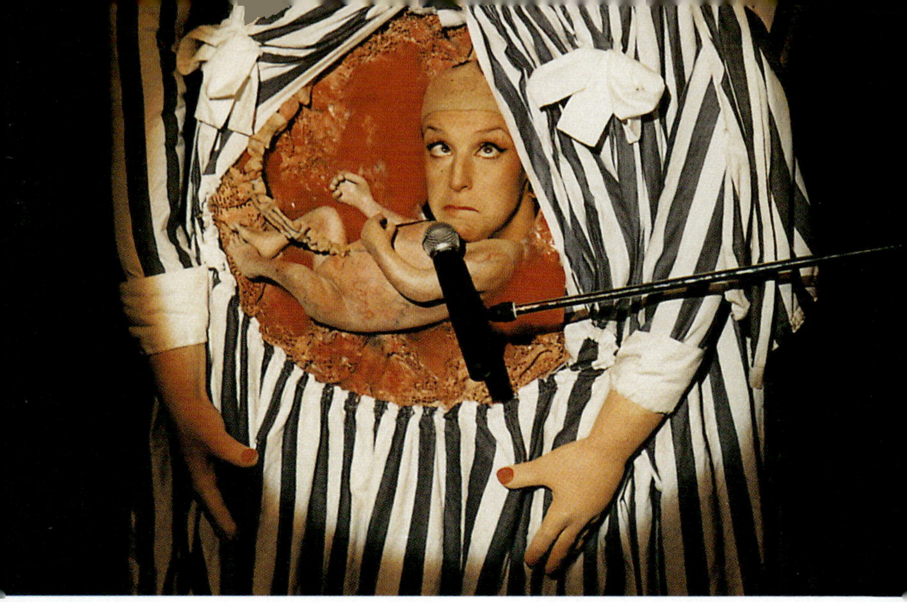

Oben: Sissis Statement zum Thema Abtreibung
Links unten: Es ist klasse in Beziehungsfragen mal drüberzustehen
Rechts unten: Manchmal fühle ich mich wie eine kleine dicke graue Maus

Früher hab' ich mir noch auf den Kopf hauen lassen ...

... heute schlage ich zurück

Als Stella Stellaris in Warschau

Die Tänzerin bei der Probe

Sissi und Sergey in Moskau

Links oben: Tiermama in Afrika (Malawi)
Rechts oben: Immer alles aufschreiben - auch in Indien
Unten: Sissis Grundausstattung am Strand auf Hawai

Oben: Erotische Fotos im Urlaub
Unten: Mit dem TaiTschi-Lehrer in Thailand

Adolf-Grimme-Preis in Gold, März 1997
(v.l.n.r.: Sissi, Sergey Garmasch und Adolf Winkelmann)

Tschau!

ren auf der deutschen Bestsellerliste unter den ersten 10 rangiert.

Daß man von sogenannten Spezialisten so selten umfassend beraten wird, ist ja, wie schon erwähnt, einer der Gründe, warum ich dieses Buch schreibe.

Jetzt noch kurz ein paar Sätze zu Fingernägeln:

Wenn Sie beim Feilen nicht hin- und herschruppeln, sondern sich die Zeit nehmen, nur in eine Richtung zu hobeln, hinterlassen Sie eine weniger aufgerauhte Kante am Nagel, und in diese glatte Kante dringt Wasser schwerer ein und sie hält sich länger, ohne aufzurauhen. Mit anderen Worten, Ihr Nagel reißt nicht so leicht ein und bricht nicht so leicht ab.

Wenn Sie daran denken, könnten Sie Ihre Nägel auch immer gut eingefettet halten, indem Sie öfter mal den Fingernagel über die Nasenflügel reiben. Das ist von Natur aus eine fettige Hautpartie im Gesicht, und ein eingefetteter Nagel bleibt elastisch, glänzt schön und ist geschützter. Wenn Sie ein hartnäckiger Fall sind, sollten Sie täglich einen Schluck Kieselsäuregel trinken. Das stärkt nicht nur Haut und Haare, es ist auch für alle möglichen anderen Sachen gut ... und Sie sollten Nagelhärter auftragen. Der schützt und härtet wirklich. Ich bin sehr zufrieden gewesen mit dem von ›La Kristalle‹, aber inzwischen brauche ich das gar nicht mehr, meine Nägel sind durch die neue Art zu feilen sehr stabil geworden.

Sport

Wie halte ich mich fit und straff

Mein Problem war immer, daß es mich auf die Dauer so langweilt zu sporteln oder vor mich hin zu joggen. Ich fühlte mich geistig unterfordert und kam mir oft vor wie ein Idiot, der seine wertvolle Zeit verplempert.

Aber je länger Sie tatenlos zusehen, wie Ihre jugendliche Figur verfällt, um so härter wird es, den Prozeß wieder rückgängig zu machen. Man sollte sich in jungen Jahren unbedingt an regelmäßige sportliche Betätigung gewöhnt haben.

Mein Tip:

Nehmen Sie sich eine Kassette auf mit allen Lieblingsliedern (keine Schmuseballaden, da kann man nicht dazu laufen, weil der Groove zu langsam ist, und außerdem muß man dauernd weinen – sondern sonnige Tanzmusik).

Seitdem ich mit dem Walkman jogge, hat sich mir eine ganz neue Dimension eröffnet.

Übrigens, was ich noch erwähnen sollte: Sie müssen sich leider einen speziellen *Joggingwalkman* zulegen, aber zumindest in meinem Fall hat sich diese Anschaffung voll ausgezahlt.

O. k., o. k., es ist bestimmt keine sensationelle Neuentdeckung, daß man mit Walkman joggen kann, aber haben Sie es wirklich schon mal mit ihren liebsten Tanzliedern ausprobiert?

Ich war von den Socken. Die Musik gibt mir eine solche Energie.

Normalerweise war ich nach einer halben Stunde ziemlich am Ende, wenn jetzt aber gerade eine gute Nummer losgeht, kriege ich noch mal 'nen richtigen Kick und hebe fast ab, so leicht werde ich. Außerdem belaste ich mich nicht so einseitig wie beim eintönigen Joggen. Oft passen kleine Trippelschrittchen viel besser zum Groove einer Nummer, dann wieder walked man total schwarz und cool, oder man läßt den Oberkörper ganz ebenmäßig dahingleiten und nur die Füße rollen weich ab, das ist zwar irre anstrengend, aber wenn es am besten zu der Musik paßt, fällt es viel leichter, durchzuhalten.

Wenn Sie über die Straße gehen, seien Sie wirklich vorsichtig. Man ist einerseits durch die Musik sehr aufgeputscht, andererseits hört man nichts mehr vom Verkehr, der an einem vorbeirast. Es wäre schade, wenn Sie von einem Auto dahingerafft werden, nur weil Sie gerade John-Travolta-mäßig einen Ausfallschritt geprobt haben.

Außerdem:

Bitte nicht auf Passanten achten, die gerade gegen einen Laternenpfahl gelaufen sind, weil sie Ihnen nachgegafft haben. Wenn man wirklich etwas erreichen will, muß man sich auch die Freiheit dazu nehmen.

Und übrigens, derjenige, der vielleicht superdoof gelacht und hinter ihnen hergezeigt hat, wäre bestimmt selber gern so fit, und am Abend wird er zu Hause erzählen: »Heute hab' ich eine lustige Joggerin gesehen, die hat zur Musik in ihrem Walkman richtig getanzt beim Laufen.«

Meine optimalen Joggingsongs sind:

»Don't worry – be happy« von Bobby Mc Ferrin
»Hit the road jack« von Ray Charles
»Sweet dreams« von den »Eurythmics«
»In the summertime« von Mungo Jerry
»Good Thing« von den Fine Young Canibals

Ich weiß, das sind alles Asbach-Uralt-Teile, aber mir ist so was egal, solange es seinen Zweck erfüllt. Manche Musik ist zeitlos, und immer wieder, wenn man sie hört, löst sie etwas aus, und darauf kommt es an. Es gibt übrigens auch total geile Songs, auf deren Rhythmus man leider nur ganz schlecht laufen kann. Das sollten Sie vorher testen.

Jetzt noch eine kleine Randbemerkung zu den Musikkassetten. Wenn Sie die Songs ihrer Wahl nicht in Ihrer eigenen Sammlung finden, kein Problem. Ich habe entfernte Bekannte zu guten Freunden gemacht, weil sie eine große Plattensammlung haben und ich immer wieder bei ihnen vorbeigeschaut habe.

Ich bin zu wildfremden Männern in die Wohnung gegangen, um mir eine Kassette zusammenzustellen, und habe einen schönen Nachmittag dabei verlebt. Meinetwegen geben Sie eine Annonce auf, aber besorgen Sie sich die Musik, bei der Sie gut drauf kommen.

So hält man eine Balance innerlich und äußerlich.

Ganz wichtiger Tip am Rande: Wenn Sie 'ne gute Nummer hören, die Ihnen gefällt. Sofort nachfragen, wer und was das ist und aufschreiben, nur so können Sie sich im Laufe der Zeit mit Ihrer Lieblingsmusik eindecken, und das gehört zum Wichtigsten im Leben. Ich habe mit meinen 25 Kassetten, die ich inzwischen vollhabe, schon zig langweilige Parties in rauschende Tanzfeste verwandelt.

Es gibt übrigens viele Leute, die mit kurzen Hosen durch den Schnee joggen. Ich persönlich trage auch im Hochsommer zwei lange Hosen übereinander. Ich bin es vom Tanztraining so gewöhnt, daß man sich warm anzieht, nicht nur wegen der Verletzungsgefahr und weil man dehnbarer ist, sondern auch, weil man mehr schwitzt, also auch abnimmt, und die trainierten Muskelpartien schön schlank bleiben. Es gibt ja extra Schwitzhosen aus Plastik, die kann man auch als Regenhosen zum Joggen verwenden.

Dehnübungen

Wenn man nach dem Laufen so richtig durchgeschwitzt und warm ist, ist das natürlich der beste Zeitpunkt, Dehnübungen zu machen.

Allerdings möchte ich unbedingt davon abraten, beim Dehnen in die altmodische »Wipp Methode« zu verfallen. Wenn man Muskeln und Sehnen stretchen möchte, sollte man, wie beim Yoga, ganz langsam, gefühlvoll und beharrlich daran ziehen, und bei jedem

Ausatmen ein bißchen weiter ziehen und in dieser Stellung verharren.

Wenn sie rhythmisch vor und zurück wippen, zieht sich der Muskel bei jedem Zurück enger zusammen, Sie erreichen dadurch das Gegenteil, und die Verletzungsgefahr erhöht sich beträchtlich. Zerrungen holt man sich nur bei ruckartigen Aktionen.

Ganz anders ist das bei muskelaufbauenden Übungen; die kann man am besten mit einem antreibenden Song durchhalten. Mein persönlicher Liebslingsort für Dehnübungen ist der Strand oder sonst ein Ort im Freien, wenn die Sonne scheint. Ich habe mir im Laufe der Jahre eine ganze Palette an Lieblingsübungen angesammelt. Ich gehe der Reihe nach alle Körperpartien durch, die ich persönlich trainieren will, und wende die Übungen an, mit denen ich am besten klarkomme. Ich glaube, daß es relativ müßig ist, Ihnen jetzt alles bis ins Detail zu erklären, da diese Dinge sehr individuell sind. Die Quintessenz für einen Tip könnte hier nur sein:

Legen auch Sie sich ein festes Repertoir an Übungen zu, die Sie immer und überall machen können. Für die Sie keine Ausrüstung oder Instumente brauchen. Von denen Sie einfach nur im Laufe der Zeit rauskriegen, wie oft und wie lange Sie sie machen müssen, um Verbesserungen zu verspüren. Man kann sich so was bei einer Krankengymnastin holen, für *schwächelnde* Partien. Oder im Bodybuildingcenter für Stellen, die man aufbauen will, oder beim Yogalehrer oder auch einfach bei sportlichen Freunden. So ein kleines eigenes Programm zu haben, macht Freude und nimmt Berührungsängste, und man hat auch keine Entschuldigung

mehr, weil man es überall machen kann. Gehen Sie Ihre Schwachstellen an, es geht hier nicht nur um »Knackarsch« und »flachen Bauch«. Es geht auch darum, vorbeugend etwas gegen Haltungsschäden und Rückenleiden zu tun.

Falls Sie richtiges Krafttraining machen wollen, dann kann ich Ihnen nur das gesundheitsorientierte *Kieser-training* wärmstens empfehlen.

Daraus hat sich sogar eine spezielle Wirbelsäulen-therapie entwickelt, wo z. B. Menschen mit Bandschei-benvorfällen sich richtig kleine Muskelfilets links und rechts der Wirbelsäule antrainieren können, um in Zu-kunft besser stabilisiert zu sein.

Ein gewisser Arthur Jones hat das Prinzip in den USA entwickelt. Ein Herr Kieser hat die speziellen Maschinen und das Know-how nach Deutschland ge-bracht. Er hat auch ein sehr interessantes witziges Buch geschrieben mit dem Namen *»Die Seele der Mus-keln«*, aber ich werde Ihnen natürlich ein kleines Ex-zerpt liefern über die Methode, mit der sich die ameri-kanischen Superstars ihren Körper so hin trainieren, so wie sie's gerad' brauchen.

1. Kiesertraining beruht im Prinzip darauf, daß man Maschinen konstruiert hat, die es ermöglichen, den Muskel, den man trainieren möchte, von allen an-deren »Helfern« zu isolieren. Manchmal wird man regelrecht eingespannt in die verschiedenen Geräte und ist dann nur fähig, diesen einen Muskel zu ver-wenden.
2. Man macht an jeder Maschine nur einen Satz maxi-

mal Training, d. h. man versucht die Gewichte so schwer einzustellen, daß man sie achtmal stemmen kann, und zwar sollte das sehr langsam geschehen. Also 4 Sekunden drücken (oder ziehen oder je nachdem), dann 2 Sekunden halten, und dann 4 Sekunden ganz kontolliert wieder zurück und dazwischen keine Pausen. Und beim achten Mal muß es so schwer gehen, daß man es gerade mit Schmerzen noch schafft.

Dadurch wird der Muskel ideal angesäuert. Die sportmedizinische Erkenntnis, die da dahinter steht, lautet folgendermaßen.

Nur ein Muskel, der über kurze Zeit maximal beansprucht wurde, reagiert, indem er kompensierend Muskelreservefasern rekrutiert, und die Muskelfaserdicke verstärkt. Man setzt mit dem Training einen sogenannten »*Stimulus*« und sollte dann den Muskel 48 Stunden in Frieden lassen, damit er schön wachsen kann. Also kein anderes weiteres Training oder Sauna. Das ganze höchstens zweimal die Woche 60 Minuten, um den ganzen Körper total auf Vordermann zu bringen, schafft optimale Ergebnisse, die Sie schon nach wenigen Wochen deutlich sehen und vor allen Dingen auch spüren können, und das alles, ohne je Muskelkater zu haben. So war es bei mir zumindest.

Übrigens, auch bei Stiftung Warentest hat das Kiesertraining als das gesündeste und effektivste Krafttraining abgeschnitten.

Infos über Filialen in Ihrer Nähe erhalten Sie über die Telefonnummer 0 89 / 1 23 98 00.

Wenn Sie in ein anderes »Gym« gehen, lassen Sie sich am Anfang unbedingt gut beraten und einführen. In Amerika boomt das Ganze wie die Hölle, aber am meisten profitieren schon wieder die Ärzte von den Wahnsinnigen, die zu wenig wissen, tierisch übertreiben und alles falsch machen.

Strecken – Grunzen – Stöhnen

Hier noch eine wichtige Angelegenheit, die wir Menschen völlig vernachlässigen.

Als ich unter einer verspannten Schulter-Nackenpartie litt, hat mein Orthopäde mich darauf aufmerksam gemacht, wie oft sich eigentlich Tiere strecken.

Meine Katze nimmt sich nach jedem kleinsten Nickerchen völlig haltlos und lasziv die Zeit, ihre ganze Wirbelsäule in einer »Dreiphasen-Prozedur« genüßlich zu strecken und dabei die Muskeln wieder energetisch aufzuladen und anzuwärmen, damit sie sich nichts verreißt, wenn sie dann losfegt wie eine Bescheuerte.

Ich glaube, daß da auch unsere lustfeindliche Erziehung dahintersteckt, daß man so selten Menschen beobachtet, die sich z. B. nach einem langen Flug genüßlich strecken, und dabei ist man gerade dann doch völlig zerschlagen, zerknittert und verspannt.

Ich nehme mir die Freiheit, diesem tiefen Bedürfnis nachzugehen und gebe dabei auch die entsprechenden Laute von mir. Mein Homöopath rät allen seinen Patienten, mehr zu seufzen und zu stöhnen.

Diese Bitte kam mir sehr entgegen, denn ich habe das schon immer gern getan. Früher wurde ich von meinem Freund oft blöd angeredet, »was is' denn jetzt schon wieder los?« Bei ihm ging jedesmal die Alarmanlage los, er dachte, ich leide, und er muß mir schon wieder helfen. Seit dem ich da Klarheit geschaffen habe, daß es sich um einen ärztlichen Rat handelt, und um ein wichtiges Ventil, Verspannungen aus dem Körper entweichen zu lassen, ist das Thema vom Tisch.

Man muß sich mal vergegenwärtigen, wie oft so ein kleines Kind daran gehindert wird, seinen emotionalen Äußerungen freien Lauf zu lassen. Schreien, quieken brüllen, alles zu laut. Immer heißt es pst, kscht, bist du still. Wenn man sich selber als Erwachsener endlich wieder die Erlaubnis gibt, seine Laute 'rauszulassen, ist das unheimlich befreiend.

Thema Weiterentwicklung

Ich hoffe, daß ich mit diesem Büchlein einige Menschen dazu bringe, ihre Begrenzungen, die nur in ihrem eigenen Kopf existiert, noch mal zu überdenken. Mein wunderbarer Schauspiellehrer hat oft gesagt: »Wir müssen unsere Selbstschutzmechanismen entlarven, denn sie stammen noch aus der Kindheit, als wir erfahren haben, wie man in dieser Welt anscheinend überlebt. Heute brauchen wir sie oft gar nicht mehr, aber wir haben sie so verinnerlicht, daß wir sie immer noch beibehalten, obwohl sie nur noch wie

Ruinen in unserem Leben herumstehen und uns die Sicht nehmen.«

Er hat für jeden Schüler spezielle Übungen zusammengestellt, um jedem dazu zu verhelfen, das gesamte Spektrum seiner Emotionen ausleben zu können. Das ist ja sehr wichtig für jeden Schauspieler. Manche Menschen können zum Beispiel nicht wütend werden. Wir hatten eine Chinesin in der Klasse, die mußte ihr Leben lang immer höflich lächelnd ihrem Vater gehorchen. Wenn die versucht hat, in Übungen zu ihrem Zorn zu finden, den sie ohne Zweifel in starkem Maße im Herzen trug, lag die Klasse am Boden vor Lachen. Manche Menschen lassen keine Weichheit zu, andere keine Sinnlichkeit. Suchen Sie sich selber Übungen, und erweitern Sie Ihre Möglichkeiten. Das Leben ist ein großer Spielplatz, und man kann langweilige Busfahrten auf diese Weise unheimlich interessant gestalten.

Ich habe mir als Teenager instinktiv eine solche Übung selber kreiert. Ich habe mir ganz oft die ausgefallensten Verkleidungen angezogen und bin erhobenen Hauptes durch die ganze Stadt gegangen und habe die Blicke, Kommentare und das Gelächter der Menschen an mir abgleiten lassen. Das half mir unheimlich, später ich selber zu bleiben und meine ganze Eigenheit auf der Bühne zu verwirklichen. Aber auch wenn man nicht diesen Beruf ausübt, ist es sehr zuträglich, sich vom Druck der Masse und vom Geschnatter der Leute abzunabeln und seinen eigenen Empfindungen authentisch folgen zu können.

Was wohl noch alles in uns steckt?

Hierzu eine kleine banale Übung als kleiner Tip:

Gehen Sie mal Ihren Kleiderschrank durch und betrachten Sie die Dinge, die Sie dort vorfinden, mit einem etwas distanzierten, analytischen Blick. Sie sehen da das Bild von dem Menschen vor sich, der Sie zu sein glauben oder glauben sein zu müssen. Kann sein, daß sie sich nur in gedeckten Farben sehen, daß Sie sich ein lebenslustiges Bunt, das Aufsehen erregen könnte, nicht gestatten, weil Ihnen früher immer jemand gesagt hat, »Das 'is nix für dich! Halt die Bälle immer schön flach, dann bietest du wenig Angriffsfläche.«

Wagen Sie doch mal folgendes Experiment:

Sie suchen sich einen abstrusen Gegenstand, den man einigermaßen leicht an der Kleidung befestigen kann. Zum Beispiel ein kleines Stofftier auf der Schulter, oder ein kleiner Lampenschirm als Hut oder ein Gullistöpsel als Halskette ect., pp. und tragen Ihre »Kreation« mal ganz bewußt in der Öffentlichkeit. Für den Anfang meinetwegen an einem Platz, wo Sie keiner kennt. Es muß ja nicht gleich an ihrem Arbeitsplatz sein, sondern vielleicht im Urlaub. Diese Leute werden sie nie wiedersehen, es ist völlig egal, was die über Sie denken. Hauptsache, Sie lernen daraus, daß Ihnen nichts passiert, auch wenn Sie gegen unausgesprochene Tabus verstoßen. Sie werden sich wundern, wie viele Menschen, die anfänglich vielleicht befremdet waren, Ihnen bei näherem Kontakt gestehen, daß sie sich so was nie trauen würden, es aber ganz toll finden, daß da einer mal frischen Wind ins Leben bringt.

Allerdings, wie gesagt, es geht gar nicht darum, was die anderen sagen, sondern es geht vielmehr darum, darauf zu pfeifen.

Für mich stand es so oft auf der Kippe, darf ich mein Bedürfnis jetzt ausleben, oder lasse ich mich von der Gesellschaft in der Entfaltung meines Selbst unterdrücken? Wenn ich das Bedürfnis verspüre, laut zu singen, also laut vor mich hin zu trällern und dabei womöglich auch noch wichtige Gesangsübungen zu machen, dann sehe ich es nicht ein, daß ein Mensch, der sich nie darüber beschwert hat, daß er Tag für Tag von einer Schnellstraße vor seiner Haustüre belästigt wird, mir jetzt das Singen verbieten darf. Komischerweise ist es ein deutsches Phänomen, daß die Menschen hier fast reflexartig mit Ablehnung reagieren. Ich habe es tausendmal erlebt, daß ich ein Lied im Kopf hatte, vor mich hinsingend in der Schule durch den Gang gegangen bin, und der erste gleich reagiert hat mit »Oh, Mann – das nervt.«

Amerikaner oder Italiener verhalten sich da ganz gegenteilig. Die sind begeistert und ermuntern einen sofort, weiterzumachen. Ich wehre mich ganz instinktiv bereits im Vorfeld gegen jede Art von unterdrückerischer Energie. Ich verbiete es mir, selbst wenn es unter dem Deckmäntelchen des »Witzigseins« geschieht, daß mir jemand **seine** Normen aufzwingt. Außerdem hinterfrage ich für mein Leben gern alle »Das-tut-man-nichts« dieser Welt und komme immer öfter drauf, daß plötzlich wunderbare Sachen passieren, wenn man sich über blöde Regeln hinwegsetzt.

Sitte und Anstand

Das heißt nicht, daß ich unsere Umgangsformen sprengen möchte.

Ich bin im Prinzip ein großer Fan von kultivierter Höflichkeit, und mußte sie mir Gott sei Dank auch nicht verderben lassen. Meine Mutter hatte eine ganz selbstverständliche und humorvolle Art, uns Kindern diese Grundregeln 'rüberzubringen. Ohne zuviel Druck und mit relativ guten Argumenten. Sie hat immer gesagt:

»Ißt du zu Hause, als wärst du beim Kaiser, dann ißt du beim Kaiser, als wärst du zu Haus'.« Das hat mich als Kind natürlich schwer fasziniert, mich in einem Kaiserschloß völlig selbstverständlich geben zu können, weil ich die Etikette so im Blut habe, daß ich eh' schon wieder drübersteh'.

Und das ist übrigens genau mein Punkt. Das Drüberstehen. Ich entscheide gerne selber, welche von den Regeln wirklich Sinn machen und welche davon die pure Schikane sind, die einem das ganze Leben verderben können, wenn man sie einhalten würde.

Das Geradesitzen auf einem Stuhl zum Beispiel ist eine abendländische Unsitte, die mich völlig fertig macht und wahrscheinlich als Bestrafung für uns Erbsünder konzipiert wurde. In jedem orthopädischen Nachschlagewerk steht schwarz auf weiß, daß die Knie, wenn möglich, immer oberhalb des Hüftgelenks sein sollten.

Man hat uns eingeredet, daß nur die Wilden am Boden sitzen, aber an dieser Stelle möchte ich doch die hochkultivierten Japaner dagegenhalten, die nun wirklich in ihren uralten Benimmregeln und -riten verwurzelt sind, und bei denen ist keiner so steif, daß er nicht mehr am Boden sitzen kann, und auch das Problem der Käsefüße ist dort weitgehend unbekannt. Ich finde es wunderbar, zum Essen die Schuhe auszuziehen und meine Hände mit einem heißen Tuch zu reinigen. Das ist für mich eine Anstandsregel, die Sinn macht.

Ist es nicht wunderbar, daß dieser Globus so klein geworden ist, daß man überall hinreisen kann und sich aus allen Kulturen die Anregungen mitbringen kann, die einem persönlich am meisten zusagen? Jeder kann so seinen Alltag revolutionieren und sein Privatleben unheimlich bereichern. Verwunderlich ist nur, wie wenig Menschen immer noch Gebrauch machen von diesen unermeßlichen Möglichkeiten.

Ich liebe z. B. die griechische Art zu tanzen, die machen einen großen Kreis und einer geht immer in die Mitte und macht ein kleines Solo, und die anderen knien nieder und beklatschen die Darbietung.

Ich liebe die Wiener Art zu flirten und Damen mit ›sehr verehrte gnädige Frau‹ anzusprechen, das verleiht einem ein ganz spezielles Flirtniveau.

Ich liebe es, wie die Amerikaner ihre house warming partys veranstalten, sobald du wo eingezogen bist, versammelt sich die gesamte Nachbarschaft, man bringt was mit, hilft aus und lernt sich kennen.

Ich liebe japanische Misosuppe

marokkanische Dampfbäder
afrikanischen Humor
indisches Yoga...
Holen Sie die Welt in Ihr Leben, und probieren Sie
aus, welche Sitten, Eßgewohnheiten und Denkweisen
Ihnen am meisten behagen.

Urlaub

Und hier mein wichtigster Tip:

Im Winter in den Süden fahren, so oft und so lange man kann, verreisen, aber nicht nur, um fremde Kulturen kennenzulernen.

Einige der wichtigsten Dinge im Leben macht man leider oft nur im Urlaub, z. B. den Sternenhimmel betrachten. Nichts rückt die Dinge so zurecht. Plötzlich bekommen wir einen Geschmack der wahren Relationen. Nichts beruhigt einen so sehr innerlich. Nichts läßt einen so sehr diesen wichtigen Schritt zurücktreten, der so oft von Nöten ist, um zu einer Objektivität zu finden. Der innere Abstand in der Betrachtungsweise, die Bewußtheit um die Komplexität aller Dinge. Es ist wie eine Kur für die Seele. Komme, was da wolle. Meinetwegen auf das neue Auto verzichten, Klamotten auf dem Flohmarkt verkaufen, egal. Hauptsache, einmal im Jahr wie ein Affe auf dem Felsen leben und wieder in Kontakt kommen mit dem, was man wirklich ist. Ohne das ganze Drumherum unseres zivilisierten Lebens.

Ich habe mir drei thailändische Sarongs zu einer großen bunten Decke zusammengenäht, auf der breite ich mein Strandleben aus. Ich trommle auf kleinen Reisebongos, dann nähe ich an Teilen meiner Lieblingsurlaubsgarderobe, dann trinke ich eine Flasche Wasser leer, dann sportle ich ein bißchen, das heißt für mich, daß ich tanze, jogge oder schnorchle. Dann

mache ich lustige Fotos in der Umgebung. Ich schreibe Sachen auf, die mir durch den Kopf gehen. Ich sammle Muscheln, Steine und Hölzer und bastle schöne Sachen. Mit anderen Worten, ich fühle mich wie ein Weib vor tausend Jahren, bevor wir alle aus dem Paradies geworfen wurden.

Und hier noch ein kleiner Trick, der sich schon oft bewährt hat.

Ich war mit meinem Freund in der Dominikanischen Republik, und wir hatten keine Lust auf die ewige Frage, wo wir herkommen, immer brav mit »aus Deutschland« zu antworten. Zumal man dafür ja auch in einen Topf geworfen wird mit deutschen Urlaubern, die für die Einheimischen gleich doof, dick und stinkend reich waren. Also hat mein Süßer, der fließend spanisch sprach, geantwortet, wir kämen aus »Ungarabia«, einem sehr kleinen Land zwischen Ungarn und Arabien. Von dem Moment an hatten wir nicht nur unsere Ruhe vor dem ewigen Geschnorre, sonder auch völlige Narrenfreiheit. Wenn ich mit kritischen Blicken beäugt wurde für meine Experimentaltänze auf dem kleinen Discotanzboden, der sonst nur von Meruengepaaren beschwoft wurde, zuckte mein Freund nur die Schultern und sagte: »Das sind sehr alte typisch ungarabianische Volkstänze.« Auch meine modischen Phantasiekreationen, die ich im Urlaub gerne trage, wurden zu »ungarabianischen« Nationaltrachten, und wir erfanden die abstrusesten Bräuche und Gebaren für die immer freundlicher und neugieriger werdende Dorfgemeinschaft, und hatten unglaublich viel Spaß.

Mein Tip: Erfinden auch Sie sich ein kleines Land
mit allem, was dazu gehört.

Hauptsache ist

Intro:
Hauptsache ist... Hauptsache ist... Hauptsache ist...

Ich sitze hier im Strandbad unterm Sonnenhut
Hier muß man richtig löhnen
Dafür laß ich mich verwöhnen
Hier kommt nur der Fisch von Iglo auf den Tisch
Der Dünnpfiff, den ich habe ist psychosomatisch
Die Landschaft und das Meer sind wunderschön
Von Mücken, von Müll und den Touristen abgesehen
Die Menschen hier sind nett und überhaupt
noch nicht versaut
Leider hab'n sie unser Auto geklaut
Vom Boot die ganzen Armaturen abgeschraubt
Egal, egal total egal

Chorus:
Die Hauptsache ist, die Sonne scheint
Die kuriert Dir jed'n Blues, jedes Zipperlein
Hauptsache ist, draußen ist es warm
Jedes and're Wetter find ich inhuman
Laß die Sonne ran!

Das Animationsprogramm ist taff und tight
Und wenn man sich verpißt ist das nicht alright

103

Doch mein Reiseleiter mochte mich – auch ich
fand ihn ganz nett
Leider wurde er von Terroristen niedergestreckt
Der Gorilla an der Cocktailbar
Ließ mich nicht rein weil ich zu käsig war
Ohne Sonnencreme war anderntags die Strategie
Jetzt blüht dafür so schön wie noch nie
Meine neue Sonnenallergie
Egal, egal, total egal

Chorus:
Hauptsache ist, die Sonne scheint
Das sag ich wirklich nicht nur, weil sich's reimt
Hauptsache ist, das Wetter ist geil
Die Leute sind gut drauf und die Typen sind steil
Hauptsache ist, die Sonne lacht
Die Herzen und die Hosen werden aufgemacht
Hauptsache ist, draußen ist es warm
Jedes and're Wetter find ich inhuman
Laß die Sonne ran!

Bridge:
Wohingegen – den ewigen Regen
Find ich wirklich voll daneben
So kann und will ich nicht mehr leben
Das halt ich nicht mehr aus
Nie hört's zu regnen auf

Breakdown:
Hauptsache ist, die Sonne scheint
Die kuriert jed'n Blues

Hauptsache ist, das Wetter ist schön
Da kann man endlich baden geh'n
Und Nackerte seh'n

Chorus:
Hauptsache ist, die Sonne scheint
Das sag ich wirklich nicht nur, weil sich's reimt
Hauptsache ist, das Wetter ist geil
Die Leute sind gut drauf und die Typen sind steil

Rap:
Da hab' ich was dagegen
Gegen diesen Regen
Das find' ich voll daneben
Ich will mich frei bewegen
So kann man doch nicht leben
Bei ewigem Regen
Muß ich mich weg begeben
Und nach and'ren Ländern streben!

Chorus:
Hauptsache ist, die Sonne scheint
Das sag ich wirklich nicht nur, weil sich's reimt
Hauptsache ist, das Wetter ist geil
Die Leute sind gut drauf und die Typen sind steil

Fade out:
Hauptsache ist, die Sonne scheint
Das sag ich wirklich nicht nur, weil sich's reimt
Hauptsache ist, das Wetter ist geil
Die Leute sind gut drauf und die Typen sind steil

Im Urlaub suche und brauche ich die Einsamkeit in der Natur.

In diesen Momenten ist es wunderschön, einen kleinen Zug reinen, guten Marihuanas zu rauchen, denn

Niemals zu viel Marihuana rauchen.

zu dieser Lebensform paßt dieses kleine Geschenk Gottes so gut wie ein Penis in die Möse.

Ein kleiner Zug ist übrigens wirklich alles, was man braucht, um seine Bewußtseinsstruktur erheblich zu verändern. Mehr zu rauchen halte ich für keine gute Idee, denn es kann sehr leicht ins Negative umkippen, und man erlebt die Dinge nicht mehr so sonnig und klar, bekommt leicht Ängste und Depressionen.

Ich weiß aus Erfahrung, daß gerade regelmäßige Haschischraucher gar keinen Begriff mehr davon haben, wie anders Mariuana oder Haschisch wirken, wenn man nur einen ganz kleinen Zug raucht und es dabei beläßt. Hier mein Tip, probieren Sie es mal nach einer ca. zweiwöchigen Abstinenzzeit, in der sie sich mal ganz entgiftet haben. Je höher die Dosis, desto stumpfer und müder wird man.

Ich empfehle jedem, Papier und Bleistift bereit zu haben und alles immer mitzuschreiben, weil man oft über grundlegende Dinge neue Einsichten bekommt, die man später mit klarem Kopf ruhig noch mal überdenken sollte. Außerdem muß man natürlich auch aufpassen. Es ist in Deutschland seit neustem nicht mehr strafbar, eine kleine Menge zu besitzen, außer natürlich in Bayern, aber es gibt auch noch Länder, da wird man lebenslänglich eingeknastet, wenn man beim Rauchen erwischt wird. Die gönnen ihren Leuten nichts, vor allem nicht, daß sie ihr Bewußtsein erweitern und dabei auch noch Spaß haben.

wäre das Buch »DIE WOLFSBRAUT« von Clarissa
Pinkola Estés, und wenn Sie schon dabei sind, können
sie Ihrem Freund auch gleich den »Eisenhans« schen-
ken von Robert Bly.

Reiki

Meinen bisher wichtigsten Urlaub habe ich in Thailand verbracht, denn dort traf ich zufällig am Strand

Sich selber die Hand aufzulegen, kann sehr schön sein.

einen »Reikimeister«. Wir hatten ein bißchen zusammen getrommelt. Er war furchtbar unrhythmisch, und ich verwickelte ihn daraufhin lieber in ein Gespräch, und so erfuhr ich von seinem Broterwerb, nämlich Menschen in die alte Kunst des Reiki einzuweisen. Zufälligerweise hatte ich kurz vorher ein paar unglaubliche Erlebnisse damit gehabt.

Mein guter Freund Herr Scheibe ist eine echte Reiki-Naturbegabung. Er hatte mir durch dreimaliges Handauflegen meine Rückenschmerzen im Lendenbereich, die ich früher immer nach einem Auftritt hatte, weggezaubert und zwar wirklich bis zum heutigen Tage, und das Ganze ist schon einige Zeit her.

Also beschloß ich spontan, mich einweisen zu lassen und bin seitdem am Üben, Ausprobieren und mir selber Reiki zu geben, sooft ich kann. Nun bin ich nicht so begabt – anscheinend. Ich habe noch keine Blitz- oder Wunderheilung vollbracht, aber ich kann mir selber helfen, ruhig zu werden, wenn ich Lampenfieber habe, oder einzuschlafen, wenn ich aufgedreht bin. Ich kann meine Regelschmerzen lindern, und wenn ich mir den Nacken oder die Schulterpartie verrissen habe, heilt es viel schneller.

Reiki ist die Kunst des Handauflegens und die Idee, die dahintersteht, ist, durch diese Hand, Energie fließen zu lassen. Also es geht darum, blockierte oder unterversorgte Bereiche wieder mit Energie aufzuladen.

Reiki fördert den Heilungsprozeß des Körpers und sollte z. B. nicht an einem abgetrennten Finger angewendet werden, den man noch mal annähen möchte, denn die Wunde würde sich schneller schließen und den Finger abstoßen. Heißt's!

Ich kann aus eigener Erfahrung nur sagen, es war eine ganz große Bereicherung meines Lebens, so ein Werkzeug in die Hand zu bekommen. Ich arbeite allerdings nicht nur mit dem Handauflegen, sondern ich verwende auch noch Atemübungen und Visualisierungen dazu.

Das heißt, ich stelle mir etwas bildlich vor, z. B, daß ich die Energie, die aussieht wie weißes Licht, mit einem kräftigen Einatmen, an meiner Wirbelsäule entlang hochziehe und dann durch ganz langsames Ausströmen an die Stelle fließen lasse, auf der meine Hände liegen. Das ist gleichzeitig eine gute Gesangsatemübung, bei der man lernt, das Zwerchfell ganz entspannt, aber sehr langsam und kontrolliert absinken zu lassen.

Wenn meine Nackenmuskulatur verhärtet ist, stelle ich mir vor, da ist ein Eisklumpen um eine erkaltete Heizspirale im Muskel. Mit dem langsamen Rausblasen der Luft heize ich den Draht auf, als ob man eine Glut wieder in Gang setzt, und blase sie so lange zart an, bis sie ganz heiß und rot ist und auch das gesamte Netz an Heizspiralen, das in meinem Körper verläuft, glüht auf, und das Eis schmilzt, und das Wasser verdampft, und mit dem Wegfliegen der Dampfwolken verabschieden sich auch der Schmerz und die Verkrampfung. So was kann man herrlich machen, während man beim Friseur sitzt, oder im Auto, oder abends vorm Einschlafen. Soweit ich weiß, gibt es auch in Deutschland einige Reikizentren.

Allerdings mit »Energiearbeit« anzufangen ist natürlich viel schöner in freier Natur, wenn es warm ist und die Sonne, der Himmel, das Meer und der Vollmond einem den Kopf wegblasen, wo man erst mal sensibilisiert wird für die unglaublichen Energien, die da im Raum schweben.

Ich würde sagen, daß ich für ein ganzes Jahr Kraft geschöpft habe und Inspiration aus diesen 6 Wochen Thailand. Ich kam zurück mit einer Tasche voller Ideen, fit wie ein Turnschuh und habe mein neues Programm »Von Happy End zu Happy End« aus dem Boden gestampft.

Allein in den Urlaub fahren

Gönnen Sie sich mal diesen Luxus, der übrigens auch zu ganz raisonnablen Preisen existiert, und gehen Sie mal 'ne Woche auf 'ne Beauty-Farm. Für mich war es eines der lustigsten Erlebnisse. Nur Weiber – was haben wir gelacht und Blödsinnn gemacht. Ich habe mich damals auf »Stella Stellaris« vorbereitet und in jeder freien Minute an dem Buch gearbeitet. Es war in Marokko am Fuße des Atlasgebirges, und es war ein Traum an gutem Essen, Sport, Kosmetik, Dampfbädern und Massage.

Es ist auch das Unproblematischste. Da ist der Freund nicht eifersüchtig. Es sind nur Frauen da, man begibt sich nicht in Gefahr, man ist telefonisch immer erreichbar und tut wirklich was für sich.

Es kommt auf Ihr sonstiges Leben an. Ich kenne

Frauen, die haben alleine die ganze Welt bereist. Auch ich habe das früher oft gemacht, daß ich mich irgendwo unterwegs mit immer neuen Leuten zusammengetan habe, aber wirklich empfehlen kann man das nicht jederfrau. Das ist eine Mentalitätsfrage.

Noch ein paar kleine Reisetips: Im Flieger ganz oft und dick eincremen. Die Luft dort oben ist extrem austrocknend. Selber 'ne Flasche Wasser dabei haben, dann muß man nicht hinterherrennen, sondern kann richtig viel trinken. Im Flieger die »Gelbe Ruhe« verwenden und den Jetlag mit »Melatonin« (aus der Apotheke) in den Griff bekommen. Eine Tablette hilft, vier Stunden zu schlafen und hat nicht die blöden Nebenwirkungen von Schlafmitteln.

Selbstverteidigung

Ein ganz wichtiger Tip, der sozusagen zur Idee für dieses Buch geführt hat, war ja das mit der Selbstverteidigung. Sie erinnern sich vielleicht an meine zwei Tips zur Selbstverteidigung, die ich immer als Zugabe am Ende meiner Shows mache. Nun, obwohl man mir schon öfter versichert hat, daß gerade der erste Tip mit der schrecklichen Teufelsfratze tatsächlich auch in der Realität ganz gute Dienste geleistet hat, möchte ich noch mal ganz klar auf die großen Vorteile einer kleinen Dose voller CF-Kampfspray hinweisen. Sie kostet nur 12 DM. Sie ist inzwischen fast an jedem Kiosk erhältlich, nicht wie früher nur in Waffengeschäften, und sobald man so ein Teil in der Tasche hat, braucht man

Falls Ihnen mal einer blöd kommt, einfach rangehen.

114

es nie wirklich zu verwenden, weil man nicht mehr die Ausstrahlung eines wehrlosen Opfers hat, und das merken potentielle Vergewaltiger und Räuber sofort.

Also ich finde, wenn man als Frau unabhängig sein will, muß man auch auf einen Aufpasser verzichten können. Ich würde Ihnen nicht raten, ohne so ein Ding nachts alleine nach Hause zu gehen oder in ein fremdes Land zu fahren oder zu trampen.

Trampen

Ich bin zwei Jahre lang jedes Wochenende von Wien nach München getrampt und wieder zurück, und ich habe nur gute Erfahrungen gemacht. Was Sie allerdings noch unbedingt wissen sollten ... Man stellt sich beim Trampen **niemals** an die Straße, an der man abhängig ist davon, daß endlich mal einer anhält, sondern nur an Tankstellen oder Ampeln. **Sie** suchen sich die Leute **selber** aus, von denen Sie mitgenommen werden möchten. Nehmen Sie am besten Menschen, denen man ansieht, daß sie so etwas noch nie getan haben, und sich nur breitschlagen lassen, weil Sie so höflich gefragt haben. Machen Sie, bevor Sie einsteigen, schon genau klar, an welcher Tankstelle Sie wieder rausgelassen werden möchten, und ... alle zwei Jahre müssen Sie ein neues Tränengas kaufen, denn wenn es das Verfallsdatum überschritten hat, ist es einfach leer, und Sie sind am Arsch, wenn Sie es dummerweise gerade dann brauchen sollten.

Gesundheit

Die schlanke Linie

Ich glaube, alle Diäten und Schlankheitskuren sind völliger Bullshit, denn in den Zeiten, in denen der Körper nichts, oder zuwenig oder zu einseitig zu essen bekommt, lernt er nur das Eine, nämlich daß er die erste Nahrung, derer er habhaft werden kann, sofort in Form von Fettpolstern speichern muß, damit er für die nächste Hungerphase besser vorbereitet ist.

Ich glaube, daß man eine gute Figur nur hält und erhält, wenn man ganz grundlegende Ernährungsangewohnheiten entsprechend »einprogrammiert«. Das dauert seine Zeit, zahlt sich dann aber auch ein Leben lang aus. Es gibt tausend Ansätze, ich persönlich favorisiere nach wie vor die gute alte Trennkost. Da gibt es z. B. ein sehr bekanntes Buch namens »Fit for Life«, aber viele Menschen haben ja wie gesagt oft nicht die Zeit oder den nötigen Leidensdruck, um so einen Schmöker ganze durchzuarbeiten, in dem man von einem völlig überenthusiasmierten Ami erzählt bekommt, daß das jetzt der Weisheit allerletzter Schluß wäre. Also biete ich Ihnen an, auch dieses Buch auf seine Essenzen hin zu reduzieren und dies mit ein paar Jahren ganz persönlicher Erfahrungen anzureichern.

Es gibt Leute, die behaupten, daß man davon Migräne bekommt, also ich nicht, und ich mache es seit Jahren mit wachsender Begeisterung, weil es mir aber auch immer leichter fällt.

Früher war ich einer von den Menschen, die als erstes in der Früh' sofort etwas essen müssen. Ich habe mir mit Vorliebe den Schweinebraten vom Vortag reingezogen. Naja, als Teenager ist man ja auch noch im Wachstum.

Dann hab' ich das mit dem Trennkostprinzip irgendwo aufgeschnappt, und es hat mir spontan eingeleuchtet. Natürlich ist es für den Körper viel schwieriger, zwanzig verschiedene Molekülketten und Aminosäurebausteine zu knacken, als nur zwei oder drei. Aber alles, was nicht gut verdaut wird, blockiert, vergiftet oder setzt an. Außerdem kann der Körper die für ihn wichtigen Ingredienzen nicht so gut für sich 'rausfiltern.

Das ist die grundlegende Theorie, die da dahinter steht.

Also Trennkost heißt in erster Linie mal, Fleisch und Kohlehydrate nicht gemeinsam zu essen. Wenn Fleisch, dann nur mit Salat und/oder Gemüse. Auch keine verschiedenen Fleischsorten gleichzeitig. Und es heißt, in erster Linie auf die Rhythmen des Körpers zu achten. **Morgens** ist die Zeit des Ausscheidens. Bis um zwölf Uhr ist der Körper damit beschäftigt, sich zu reinigen. Dabei helfen ihm frische Früchte, die innerhalb einer halben Stunde durch den Darm wandern, sehr viel Flüssigkeit enthalten, ballaststoffreich sind und die Darmperistaltik anregen. Wenn man das Obst ohne was dazu (also ohne Joghurt etc.) zu sich nimmt, kann der Körper auch die Vitamine am besten aufnehmen. Von mittags bis abends um acht Uhr ist der Körper dabei aufzunehmen. **Mittags** Salat zu essen, ist optimal, weil er leicht zu verdauen ist und den Körper nicht belastet. Wenn man hingegen abends rohe Sachen ißt, liegen sie nur im Magen und bilden giftige Gase und Gärstoffe.

Fleisch z. B. braucht acht bis zehn Stunden, bevor es überhaupt vom Körper zersetzt werden kann. Wenn man also mittags Fleisch ißt, macht es müde, weil der Körper viel Energie für den Verdauungsprozeß abzweigen muß.

Deswegen, wenn schon, dann lieber abends vor acht Uhr, und wenn Sie mal nachts Hunger haben, ist es nur halb so schlimm, wenn Sie dem Körper wenigstens morgens wieder seine Entschlackungspause bis zwölf Uhr gönnen.

Das war's im Prinzip schon, in wenige Worte gefaßt.

Ich habe damit angefangen, morgens wenigstens eine halbe Stunde lang durchzuhalten nach einem Apfel.

Dann war ich mit meiner Band auf Tournee, und es war viel zu lustig, zusammen zu frühstücken, als daß ich es mir angetan hätte, jetzt nichts vom Hotelbuffet nehmen zu dürfen. (Ich finde, man muß in erster Linie gut zu sich sein und sein Leben genießen. Wenn man sich zu nichts zwingt und die Dinge nicht mit bitterer

Disziplin in Verbindung bringt, wird es auch bald zum Genuß, die gesunden Dinge zu tun.)

Dann kam irgendwann die Phase in meinem Leben, da bin ich eh' immer spät aufgestanden und habe mich langsam aber sicher daran gewöhnt, erst nach 12 Uhr zu essen. Heute habe ich manchmal bis zwei, halb drei keinen Hunger und muß mich dann schicken, noch ein offenes Restaurant zu finden.

Das ist eine der wichtigsten Ernährungsprinzipien, die ich mir angewöhnt habe, diesen morgendliche Reinigungsprozeß ungestört vonstatten gehen zu lassen, ohne Nutella-Brötchen, Müsli und sonstigen Schrott, der uns als gesundes Frühstück verkauft wird.

Noch eine weitere Grundthese der Trennkostler

Käse- und Milchprodukte verschleimen angeblich den Körper sehr. Ich persönlich hatte viele Jahre lang das Phänomen, daß ich morgens irre viel genießt habe und eine schlimme »Laufnase« hatte, und irgendwann bin ich nach zig vergeblichen Allergie-Tests dahintergekommen, daß es vom Käse kam. Ich konnte richtig beobachten, wie nach einem Stück Käse meine Nase zuging. Ich habe daraufhin meine Ernährung umgestellt und eine Zeitlang keine Milchprodukte mehr gegessen. Dann hat mein Homöopath mir das richtige Konstitutionsmittel gegeben, und jetzt sind die Beschwerden weg, aber nach wie vor habe ich keine große Lust, zu oft oder zuviel Käse zu essen. Er verklebt nachweislich den Darm und ist sehr fetthaltig.

Hier die verschiedensten Möglichkeiten, wie man um Käse 'rumkommt ohne Wurst und zuckrige Marmelade zu essen:

Mein Allerliebstes ist Avocado-Creme aufs Brot (geknetete Avocado, Maggi, Kräutersalz, ein Schuß Zitronensaft). Achtung, die Avocado muß ein bißchen weich sein. Bei Penny gibt es am häufigsten eßfertige, die man nicht mehr tagelang liegen lassen muß, damit sie weich werden, und die kosten nur 99 Pfennig.

Oder aber auch eine willkommene Abwechselung sind die Vorspeisenterrinen im griechischen, italienischen oder türkischen Geschäft. Große Bohnen, Taramasalat = Fischeiersalat, eingelegte Paprika, Artischokkenherzen, Oliven, Weinblätter, Scampi, Meeresfrüchte, getrocknete Tomaten, Champignons, Zuccini etc., pp. – alles lecker auf's Brot, oder einfach alles mögliche an frischen Gemüsen, z. B. Gurke, Tomate mit Schnittlauch oder auch Bananenbrote (leider nicht so lecker sind die ganzen vegetarischen Brotaufstriche, aus dem Reformhaus).

Im Supermarkt an der Theke gibt's Walldorf- oder Farmersalat, oder mal 'ne Dose Ölsardinen mit viel Zitronensaft, Krabbensalat, Räucherlachs oder -forelle.

Gerade Frauen sollten es ihrem Gewebe nicht antun, zuviel Milchprodukte zu essen. Joghurt allerdings kann der Körper gut verdauen, heißt's.

Am besten hält man die Linie mit Magermilchprodukten unter 3 % Fett.

Das Wichtigste an all diesen Dingen ist, daß man auf seine innere Stimme hört. Jeder Mensch ist anders, und ich glaube, fast jeder kann fühlen, was gut für ihn ist. Auch wenn man es nicht sofort kann, sind solche »Umprogrammierungsprozesse« doch die beste Art, sich wieder zu sensibilisieren für seine Bedürfnisse. Ich habe die Erfahrung gemacht, daß ich meinem Lustprinzip folge und trotzdem in keiner Weise nur Schokolade fresse. Falls es bei Ihnen nicht so ist, würde ich mal versuchen 'rauszukriegen, was es mit der Schokolade zum Beispiel auf sich hat und wo Ihre Mangelerscheinungen liegen. Vielleicht ist es nur Vitaminmangel, der sich ja bekanntlich in großer Süßigkeitengier äußert. Oder Sie essen sich mal so satt mit Schokolade, bis Sie keine mehr sehen können. Bei Lust auf was Süßes kann ich nur Datteln, Feigen und getrocknete Pflaumen empfehlen. Die sind auch süß, aber weniger »Hüftgold«, sondern eher abführend, und der Körper kann den Fruchtzucker direkt in Energie umwandeln.

Die ganze Forschung steckt sowieso noch in den Kinderschuhen, man bekommt ja jedes Jahr was anderes erzählt. Noch ein Grund mehr, nur auf sich und die eigenen Instinkte zu hören und ja keinem Dogma zu verfallen. Stellen Sie sich vor, Sie quälen sich jahrelang mit der blöden Trennkost rum, und dann finden die wieder raus, daß das das Falscheste ist, was man machen kann. You never know. Deswegen: Nur essen und tun, was Ihnen die Instinkte sagen.

Nahrung, die schön macht

Ich habe mal von einer Speise gehört, die Ärzte empfehlen, wenn ein Patient sehr unter den Folgen einer

Chemotherapie leidet. Diese Kombination an Nahrungsmitteln hilft dem Körper bei der Zellproduktion, was ja auch sehr wichtig ist für die Haut. Ich habe es selber ausprobiert und muß sagen, in den Zeiten, in denen ich es schaffe, mir das Zeug regelmäßig zuzubereiten, sieht man es mir auch an.

Man nehme fünf Mandeln pro Tag (von zuviel bekommt man leicht Verstopfung), die man vorher acht Stunden lang gewässert hat. Das ist wichtig, denn dabei erwacht die ganze Nuß wieder zum Leben und schiebt einen Keim, der unheimlich regenerierende Kräfte hat. Portugiesen haben das Sprichwort: »Wer fünf Mandeln am Tag ißt, bleibt immer schön.« Also gibt man diese Mandeln in Quark mit einer gekneteten Banane, einer ausgepreßten Orange oder einem geriebenen Apfel oder einer pürierten Kiwi oder egal. Ein paar Löffel geschrotete Leinsamen, ein großer Löffel Honig, Sahne oder Joghurt, auch wurscht, aber wichtig ist ein größer Löffel Leinöl. Das ist das Öl mit den meisten ungesättigten Fettsäuren. Diese äußerst wohlschmeckende Speise läuft bei uns unter der Bezeichnung »Gesundheitsbreilein« und wird immer wieder gerne von mir zubereitet und variiert, z. B. mit Kokosflocken oder Marmelade etc. pp.

Und noch was zum Thema Gesundheit zum Essen.

Machen Sie doch mal einen Shoppingbummel in die Apotheke.

Gönnen sie es sich ihrem Körper, die wichtigsten Stoffe, die er zum Überleben braucht, zuzuführen. In Medizinerkreisen wird die These jetzt wieder bestätigt,

daß wir bestimmte Dinge zuwenig aufnehmen mit normaler Nahrung. Dazu gehören erwiesenermaßen die lebenswichtigen Spurenelemente Zink und Selen. Außerdem ist es ganz wichtig, den Zellen sogenannte »Oxidationshemmer« zur Verfügung zu stellen, die die freien Radikale binden. Antioxidantien sind Vitamin A, E, C und Beta Karotin.

Ich nehme immer Malton E zum Beispiel, da kostet die Packung über 60 Mark, aber wenn ich das mit dem Preis für 'ne neue Klamotte vergleiche, ist das doch nix, und dieses reine Vitamin E hilft den Zellen, sich wirklich gegen Alterung und Umweltgifte zu schützen, es erhält die Haut jung und den Körper gesund. Oder Calzium-plus-C-Ampullen kräftigen den Organismus und beugen Allergien vor.

Hin und wieder nehme ich auch Wacholderölkapseln zum Entwässern des Gewebes, oder Silicea Kieselsäuregel, oder Ginseng, oder Rotkäppchen, oder Nachtkerzenöl, oder Basika... das könnte man endlos weiterführen.

Lassen Sie sich einfach mal informieren, und tragen Sie dem Apotheker vor, wonach Ihnen der Sinn steht oder wo Sie glauben, nachhelfen zu müssen.

Wenn ich richtig überarbeitet bin und ich merke, es geht an meine Reserven, dann greife ich mir immer auf diese Art und Weise unter die Arme. Solche Investitionen erscheinen mir viel sinnvoller als kurzlebige Modeausrutscher, an denen man ja auch keine Freude mehr hat, wenn ein runzeliger, von Krankheiten geschundener Körper in ihnen steckt. Wenn man sich so richtig eingedeckt hat mit allem, was an Mittelchen dazugehört und dann 'ne Zeitlang regelmäßig dem Körper geholfen hat, sich gegen Streß und Umweltgifte zur Wehr zu setzen, läßt der Anfall auch von alleine nach, und der Körper kann sich wieder an die natürliche Aufnahme von Nährstoffen im Essen gewöhnen. Ich will damit nur sagen: Man soll nichts im Leben übertreiben, auch nicht die Einnahme von Vitaminen.

Aber eines steht fest:

Unsere Böden sind ausgelaugt, unsere Nahrung ist oft minderwertig und unsere Umwelt ist viel giftiger als früher. Also warum nicht dem armen gebeutelten Organismus ein bißchen unter die Arme greifen?

Übrigens:

Viele Frauen leiden unter Eisenmangel. Achten Sie darauf, daß Sie genug Blaubeeren, schwarze Johannisbeeren und rote Beete zu sich nehmen. Letztere gibt es übrigens einfach nur gekocht und dann in Plastik eingeschweist. Wenn man so eine pure rote Rübe ißt, wird einem erst klar, was das für eine faszinierende Frucht ist. Der viele Essig, in den die Dinger normalerweis eingelegt werden, verdirbt vielen Menschen die Freude daran. Probieren Sie die rote Rübe mal pur, bevor Sie ein abschließendes Urteil fällen. Zu dem Thema gibt es übrigens einen wunderschönen Roman von Tim Robbins namens »Pan Aroma«.

Sie könnten, wenn Sie sich genauer informieren wollen, einfach mal eine Haaranalyse machen, um über die Mangelerscheinungen Ihres Körpers Bescheid zu wissen und um auch mal 'nen richtigen Schrecken zu kriegen, wenn Sie schwarz auf weiß vor sich sehen, wie viele Schwermetalle sich bereits in Ihren Zellen angesammelt haben. Man opfert hierfür eine Strähne seines Haupthaares, bei Glatzköpfen das Schamhaar, schickt es ein und erhält nach drei Wochen einen Befund in Form einer Tabelle mit allen Werten der letzten Monate. Infotelefon: 0 89/2 60 96 96.

Im Haar ist alles gespeichert: Jede Droge, die Sie zu sich genommen haben und auch jedes Thunfischbrötchen mit all den akkumulierten Giften eines Tieres, das am Ende einer langen Ernährungskette steht.

Es gibt zur Analyse einen Diätplan und Medikamente, die Ihnen helfen sollen, die Gifte wieder loszuwerden und auszuschwemmen. Ich mußte löffelweise Öl und ganz viel Fett essen, weil meine Kadmium-, Blei- und Aluminiumwerte so hoch waren, daß sie schon über den DIN-A4-Rand der Tabellenseite hinausragten. Fett bindet sich mit den Giften und hilft dem Körper, sie auszuführen. Was mich geschockt hat war die Tatsache, daß solche Werte bei **mir** gemessen wurden, wo ich eigentlich sehr auf meine gesunde Ernährung achte und alle belasteten Lebensmittel grundsätzlich seit Jahren vermeide. Nun, zum Glück bin ich noch am Leben und erfreue mich bis zum heutigen Tage bester Gesundheit.

Haut und Haare verraten einiges über den Menschen.

Alle sagen, man soll viel trinken, das sei sehr wichtig für die Gesundheit, aber auch für die Schönheit der Haut. Also ich fand es immer sehr schwierig, auf zwei Liter pro Tag zu kommen. Es hat ewig gedauert, bis ich gefunden habe, wie, was und wann ich trinke. Zwischendurch habe ich immer keine Zeit gehabt oder hab es vergessen. Und zum Essen soll man ja nicht, weil es da wieder die Magensäfte zu sehr verdünnt, dann kann der Körper die Enzyme nicht produzieren, die er braucht, damit er die Nahrung optimal verwerten kann. Außerdem finde ich Wasser irrsinnig lustlos und meistens nicht wirklich lecker. Ich für mich bin auf die Apfelschorle gekommen und zwar aus folgenden Gründen: Sie ist isotonisch, d. h. sie bringt verbrauchte Energie ganz schnell zurück, und sie hat im Gegensatz zu Limonaden kaum Kalorien und vor allem keinen Zucker, aber viele Vitamine. Sie ist verdauungsfördernd, sie schmeckt absolut köstlich und erfrischt.

Jetzt zum wann – eigentlich ein einfacher Trick:
Ich trinke nachts.

Bevor ich schlafen gehe, mache ich mir einen großen Humpen zurecht (ruhig auch mit Leitungswasser, wenn Ihr Grundwassergrenzwert das erlaubt) und trinke vor dem Schlafengehen soviel ich kann in mich hinein.

Dann muß ich mitten in der Nacht pinkeln gehen, aber diese Chance nütze ich, um gleich noch mal den zweiten Viertelliter in mich hineinzuschütten, und …

um mir noch mal eine zweite Ladung Nachtcreme ins Gesicht zu knallen, denn nirgends kann sich ihre Haut so gut regenerieren und vollsaugen wie nachts im Schlaf.

Tja, und wenn sie morgens den Literkrug neben ihrem Bett endlich leer gemacht haben, ist auch ihr Atem viel frischer für das erste Gutenmorgenküßchen, und ihr Körper ist mit genügend Flüssigkeit versorgt für seine wichtige morgendliche Entschlackungsphase.

Und noch ein Tip. Ich habe früher immer davor zurückgeschreckt, die vielen Flaschen nach Hause zu schleppen. Heute lasse ich mir einen Getränkeservice kommen. Der bringt das edle Naß kästenweise die Treppe hoch und holt die leeren Flaschen auch wieder ab.

Versuchen Sie einfach, immer wenn Sie Appetit bekommen, erst mal was zu trinken, bevor Sie sich gleich was zu essen machen. Sie werden sehen, der Hunger läßt sich einige Male verschieben und die Kalorienzufuhr über den Tag wird dadurch ganz erheblich gedrosselt.

Einkaufen (Aldi oder Reformhaus?)

Ich finde, man sollte es sich wert sein, nur hochwertige Nahrung zu sich zu nehmen. Andererseits kann es echt nicht angehen, wieviel Geld man los wird, wenn man sich nur aus dem Reformhaus ernährt. Ich habe eine Aufteilung gefunden, die mir persönlich ganz gut zu sein scheint. Vielleicht ist ja was für Sie dabei.

Ich kaufe das Brot (unser wichtigstes und gehaltvollstes Nahrungsmittel) nur im Reformhaus. Es sollte ja doch Vollkorn sein, und wenn das Getreide aber mit Chemie behandelt worden ist, sitzt das meiste Gift wie auch die meisten Vitamine immer unter der Schale. Also alles was Vollkorn ist, nur aus kontrolliertem Anbau nehmen!

Eier, weil ich gegen Legebatterien bin und man auch schmeckt, daß die armen Hühner nur Fischmehl zu fressen kriegen.

Salate, weil die großflächigen Blätter soviel Angriffsfläche bieten, daß man mehr Chemie zu sich nimmt als Vitamine, wenn's nicht aus kontrolliertem Anbau ist.

Außerdem liebe ich gute Öle – Kürbiskern- oder Sesam- oder mal Weizenkeimöl.

Bei Aldi z. B. kann man klasse Zitrusfrüchte und Bananen bekommen, die haben dicke Schalen und werden sowieso geschält. Sämtliche Dosen, sehr guten Champagner (laut Stiftung Warentest genauso gut wie Moët Chandon), sehr gute Sonnenmilch und vor allem das beste und gesündeste Katzenfutter, nämlich »Shah«. Von Tierärzten empfohlen haben wir schon 3 kranke Katzen aus der Verwandtschaft damit gesund gepflegt und – Katzen lieben »Shah«. Aldi ist viel besser als sein Ruf

Bei Penny gibt's billige Mangos und Avocados.

Ich persönlich kaufe, wenn schon Käse, dann am liebsten Ziegenkäse. Der kommt aus kleinen Käsereien, da wird noch nicht soviel 'rumgepanscht, und er ist leichter verdaulich.

Klasse Schnäppchen gibt es auch in den Thai-Geschäften oder dem sogenannten Asia-Supermarkt. Dort kann man sehr preisgünstig Sojasprossen kaufen, oder Zuckererbsen und frischen grünen Koriander. Currypasten und Kokosmilchdosen für erlesene Soßen und vor allem die geniale Instant-Nudelsuppe für 99 Pfennige.

Fleisch kaufe ich nie, aber auch da würde ich wärmstens die Bio-Bauern empfehlen. Erstens wegen der unglaublichen Qualen, denen die Tiere bei Massenzucht und Schlachtung ausgesetzt sind.

Zweitens, weil man all das Gift, das die gespritzt bekommen, und all das »Angst-Adrenalin«, das die im Körper ausgeschüttet haben, mitißt.

Grundsätzlich funktioniert ein Trick sehr gut bei mir:

Ich gehe nur satt einkaufen, schreibe mir vorher Listen, was ich brauche, und kaufe grundsätzlich nichts Ungesundes. Überhaupt keine Süßigkeiten, oder Chips, oder fette Wurst oder sonstigen Junk.

Keinen Alkohol, keine Zigaretten. All das bekommt man eh' oft genug angeboten, oder man schnorrt es sich zusammen oder man leistet es sich in Party-Laune abends mal. Zu Hause als regelmäßige Verführung will ich nix davon sehen.

Körperpflege

Ich dusche mit Gesichtsseife von Linique, weil mir mein Säureschutzmantel doch sehr wichtig ist.

Da ich so leicht auskühle, und nach dem Kaltdu-

131

schen nicht mehr warm werde, dusche ich mich zuerst heiß ab, dann ganz kalt über die Oberschenkel und den Po, und dann reibe ich mich mit einem Schrubbelwaschlappen gründlich ab. Das regt die Durchblutung sogar noch mehr an, und man wird ganz leicht wieder warm dabei. Vor allem an den Ellenbogen und am Po, wo die Haut leicht rauh wird, ist es wichtig, die Durchblutung anzuregen und alte Hautschüppchen abzutragen. Dann spüle ich klar nach und reibe meinen ganzen Körper mit Essig ein. Ich lasse den Essig auf der Haut einwirken und beschäftige mich mit anderen Partien.

Ganz wichtig sind mir meine Füße. Ich liebe es, barfuß zu gehen, und ich kann mit meinen Zehen Sachen vom Boden aufheben oder mir meine Füße hinter den Kopf klemmen, an den Zehen lutschen oder mit ihnen nach der Zigarette meines Freundes greifen. Ich finde meine Füße sehr erotisch. Also ist es klar, daß ich sie, immer wenn ich dusche, mit einem Bimsstein abschrubbe und dann eincreme, so wie den restlichen Körper auch. Auf diese Weise bekommen sie nie irgendwelche harten Hornhautschwielen, sondern sind ganz samtig weich und wohlriechend. Dann rasiere ich mich und wasche danach den Essig gründlich wieder ab. Jetzt gründlich einölen und alle Partien gut durchmassieren. Wenn Sie das alle 2-3 Tage machen, haben Sie eine Haut wie ein Pfirsich!

An dieser Stelle noch ein paar Worte zur Nachtruhe. Der Schlaf, meine Damen, ist, wie wir alle wissen, die wichtigste Form der Regeneration und entscheidend für den Erhalt unserer Schönheit. Nehmen Sie sich daher das Recht, so oft und so lang Sie können, zu schlafen. Geben Sie jedem Bedürfnis, ein Nickerchen zu halten, nach. Wenn Sie es schaffen, führen Sie am Nachmittag eine kurze Siesta ein, und Ihr Leben wird sich dadurch verlängern und Ihre Lebensqualität erheblich erhöhen.

Ich bin durchs Filmedrehen zu einem ausgesprochenen »Nickerchen-Typen« geworden. Ich habe mir antrainiert, überall und in fast jeder Position kurz wegzunicken, und danach blitzartig wach und wieder frisch zu sein. Man hat auch herausgefunden, daß diese Form von Kurzentspannung die Leistungsfähigkeit immens erhöht.

Mein Problem ist, daß ich nachts und vor allem ab Morgengrauen so einen extrem leichten Schlaf habe. Ich wache zigmal auf wegen jedem Quatsch, und ich bin so geräusch- und lichtempfindlich. Wenn man allerdings nachts Auftritte hat oder auch oft die Nächte durchdreht, muß man dafür sorgen, daß man vormittags gut schläft.

Ich habe dicke Vorhänge aufgehängt – ich habe mir einen Baldachin aus Tigerfällen gebaut, der den Lärm abhält. Ich habe meine Türen und Fenster geschlossen gehalten, ich bin trotzdem dauernd aufgewacht. Das war zwar gut für das häufige Trinken und wiederholte

Eincremen mit Nachtpflegeprodukten, aber trotzdem hat es mich viel Kraft gekostet. Dann fand ich »Die gelbe Ruhe«.

Die gelbe Ruhe gibt es in jeder Apotheke, sie ist aus Schaumgummi, aber mit einer glatten Außenbeschichtung. Man nimmt den Ohrpfropfen, dreht ihn, bis er ganz klein ist und alle Luft daraus entwichen ist, steckt ihn möglichst in diesem Zustand ins Ohr und hält ihn dort fest, bis er sich wieder mit Luft gefüllt hat. Man muß es ein bißchen üben, sich ganz ein bißchen dran gewöhnen, dann bescheren einem diese beiden Ohrpfropfen die wunderbarste Stille.

Oropax-Wachs finde ich so klebrig, man schwitzt, es juckt und es hält nicht gescheit. Außerdem sieht es nach kürzester Zeit supereklig aus. Die gelbe Ruhe kann man mit Seife abwaschen und zigmal wiederverwenden. Ich habe mir dazu auch noch angewöhnt, mir ein Tuch als Augenbinde umzubinden. Mit diesen beiden kleinen Hilfsmitteln bringe ich es auf 10 Stunden tiefen, ungestörten Schlafes, und das war mir jede Vorbereitungszeit wert.

Noch ein kleiner Tip am Rande. Wenn sie sich so richtig zeremoniell auf Ihre Nachtruhe vorbereiten, schieben Sie sich doch mal ein großes Kopfkissen zwischen die Knie bzw. Oberschenkel und eines unter den Busen. Das entlastet die Bandscheiben, und wenn man wie ich in der Embrionallage auf der linken Seite liegenbleibt ist es irre kuschelig. Ich nehme mein Nackenkissi und mein Kissen, das ich mir auf mein Ohr lege, immer und überall mit hin, so schlafe ich auf Tournee jeden Abend in einem anderen Bett trotzdem ganz gut, weil ich wenigstens meine Grundausrüstung bei mir habe.

Ausscheidungen

Übrigens, wenn Sie mal Probleme haben, ihren »Kackimann« zu machen (auf hochdeutsch: wenn Sie von Verdauungsstörungen geplagt werden), da weiß ich einen Supertrick, weil ich ja lange Gesangsunterricht genommen habe. Man kann mit dem Zwerchfell die Darmperistaltik anregen, indem man rhythmisch bläst und mit den Lippen relativ hohen Widerstand erzeugt. Man muß mit dem Mund eine kleine Öffnung formen, durch die die Luft raus kann. Der Bauch sollte sich bei jedem Blasen nach außen wölben, d. h. Ihr Zwerchfell drückt nach unten. Sie lassen praktisch rhythmisch die Bauchdecke raus und rein. (Das ist es auch, was Sie tun sollten, wenn Sie in den Wehen liegen, nicht nur pressen, sondern zwischendurch auch immer wieder rhythmisch das Zwerchfell hin- und herschwingen lassen.)

Zusätzlich ist es sehr hilfreich, sich mit den Fingerspitzen so tief wie möglich zu massieren, am besten im Uhrzeigersinn um den Nabel herum. Sie werden sehen, nachdem Sie es einige Male geübt haben, tut sich Erstaunliches, und es ist immer gut, sich von Ballast zu befreien.

Zur Darmpflege noch ein kleiner Tip von meinem Homöopathen, den er jedem gibt: Morgens zwei Löffel Haferkleie trinken, die man die Nacht über in einem viertel Liter Wasser quellen ließ.

Bei Neurodermitis sind oft Pilze im Darm schuld. Der Darm ist das wichtigste Immunabwehrsystem unseres Körpers. Achten Sie darauf, nach jeder Einnahme von Antibiotika das Darm- und Vaginalklima wiederherzustellen. Verlangen Sie von Ihrem Arzt die nötigen Infos darüber.

Weil wir gerade bei einem so wichtigen und trotzdem so tabuisierten Thema sind wie Ausscheidungen. Da verrate ich Ihnen doch auch gleich einen Tip, den mir mal ein Urologe gegeben hat. Wenn man an einer Blasenverkühlung leidet, ist es nicht nur wichtig, viel zu trinken und sich warm zu halten. Nein, man sollte auch versuchen, den Strahl so druckvoll wie möglich abzulassen. Wenn man ganz fest pißt, kann sich die Harnröhre besser von den Entzündungserregern befreien und reinigt sich selbst. Ich bin sowieso ein »Zeitsparer vor dem Herren« und habe mir deswegen gleich grundsätzlich angewöhnt, nicht mehr lange 'rumzutröpfeln, sondern die Sache kraftvoll anzugehen. Es ist mir auch schon passiert, daß eine Gruppe von Hawaiianerinnen lachend im Klo zusammengebrochen ist, nachdem sie dieses akustische Schauspiel mitbekommen haben, aber das ist mir schnurzegal, zumal ich seitdem nie mehr Probleme mit meiner Blase hatte.

Thermosohle

Was an dieser Stelle allerdings auch noch erwähnt werden muß, ist die revolutionierende Erfindung der

Thermosohle. Ich trage, außer im Hochsommer, immer Thermosohlen in meinen Schuhen und kann Ihnen versichern, daß es Ihr ganzes Leben verändern wird, sobald Sie es einmal ausprobiert haben.

Die Thermosohle ist flach, d. h. sie raubt einem keinen wertvollen Platz im Schuh und sie saugt sich nicht mit Schweiß voll wie unsinnige Schaffellsohlen. Sie isoliert nicht nur wunderbar die Kälte nach außen, sie reflektiert auch die eigene Körperwärme zurück. Sie polstert das Fußbett ausgezeichnet, und man kann sie abends 'rausnehmen und trocknen lassen, d. h. es sammelt sich nie Feuchtigkeit im Schuh. Kommt eine plötzliche Hitzewelle auf Reisen, nimmt man sie einfach raus, wird es kalt, legt man sie rein und kann selbst im Winter noch einigermaßen graziles Schuhwerk tragen, ohne gleich Blasen- und Eierstockstreß zu bekommen.

Pilzinfektion

Sie kennen vielleicht das Prinzip der »warmen, feuchten, dunklen Kammer«. So was haben wir Frauen ja alle in den Unterleib eingebaut bekommen, und das sind ideale Brutbedingungen für Pilze oder Keime. Ich kenne viele Frauen, deren einzige Möglichkeit jahrelang darin bestand, jedes Mal zum Arzt zu gehen, sich die Mittel verschreiben zu lassen, um dann wieder für 'ne kurze Zeit beschwerdenfrei zu sein.

Wenn man aber das natürliche Leben mit einem chemischen Rundumschlag vernichtet hat, ist es wichtig, das Vaginalklima wieder aufzupäppeln. Am besten geht das mit »Döderleinbakterien«, die kann man in der Apotheke kaufen. Das sind die guten »Milchsäure-bakterien«, die gibt es auch im Joghurt oder Quark.

Zur Prophylaxe und wenn sich erste Gewitterwolken zusammenbrauen, hilft auch Essig mit einem Salbenapplikator einzurühren. Hauptsache, das Vaginalklima ist sauer. Wenn man viel Zucker und weißes Mehl ißt oder hefehaltige Sachen oder Schimmelkäse, füttert man Pilze in Vagina und Darm, und sie wachsen schneller. Was ich seltsam finde, ist, daß man in Amerika in jeder Frauenzeitschrift drei bis vier ganzseitige Werbungen gegen »Yeastinfection« findet. In Deutschland wird das ganze Thema sehr unter dem Tisch behandelt, deswegen finde ich es ganz wichtig, dazu mal ein paar Worte gesagt zu haben. Antipilzmittel sind weltweit die zweitgrößte Einnahmequelle der Pharmazeutischen Industrie, und die sind natürlich nicht daran interessiert, daß Frauen das Problem mit einem Löffel Essig pro Tag lösen.

Depressionen

Ich schreibe dieses Depressionskapitel, weil ich weiß, daß Frauen emotional empfindsame, sensible Menschen sind, und vor allem immer von ihrer Regel zu hormonellen Schwankungen und Depressionsschüben neigen und weil es ganz wichtig ist, daß man sich dabei selber helfen kann, denn einmal im Monat ist zu häufig, um jedesmal auf ein »Not-Tröstprogramm« zu plädieren. Also hier ein paar kleine Tips, wie man Depressionen vermeiden lernt oder auch bewältigt.

Gute Musik auflegen und alleine tanzen, das lockert den Körper und entkrampft das Hirn. Auch hier kommt einem die Sammlung sonniger Lieblingstanzlieder wieder voll zugute. Wenn keiner guckt, während man tanzt, kann man sich besser gehen lassen und auf spezielle Körperteile konzentrieren. Z. B. die Schultern hochheben und wieder fallen lassen, oder richtig haltlos-lasziv die Hüften kreisen lassen, oder einfach nur alles ausschütteln oder wie ein Schimpanse rumzufetzen. Das lockert ungeheuer und macht Spaß.

Ich weiß, das klingt jetzt alles ein bißchen Müsli-Workshop-mäßig, aber auch da, meine Damen, sollte man drüberstehen. Mir ist es so egal, wenn einer lacht und mir erzählt, irgendwas sei jetzt auf einmal wieder out.

Wenn ich viel gearbeitet habe und erschöpft und nicht gut drauf bin, dann brauche ich:

Einen guten Comic: z. B. Gary Larson oder »Das

Es ist gar nicht so schlecht, einmal im Monat alles zu hinterfragen.

kleine Arschloch«, das Buch über Sex, Drogen und Tod, oder was von Ralf König, oder Asterix, oder eines von den Lauzier-Heften, oder die gesammelten Werke von Michael Sowa, oder ein Deix oder F.K. Wächter.

An dieser Stelle müssen natürlich noch mal die wunderbaren Walt-Disney-Filme erwähnt werden. Meine Videothek hat mir mit guten Komödien schon manches Mal aus der Klemme geholfen.

Sollten Sie mal unrettbar scheiße drauf sein, gibt es ein Medikament, das keinerlei böse Nebenwirkungen hat und das man bedenkenlos auch ein Leben lang einnehmen kann, weil es weder abhängig macht, noch Nebenwirkungen hat, noch ungesund ist. Johanniskraut gibt es als »Kira« rezeptfrei in jeder Apotheke. Es sonnt das Gemüt auf, nimmt die innere Unruhe, gibt freundliche Gelassenheit und beruhigt die Nerven. Ich habe im Premierenstreß die besten Erfahrungen damit gemacht und kann es wärmstens weiterempfehlen.

Mir persönlich haben in großen Lebenskrisen auch lange Spaziergänge das Leben gerettet. Ich liebe die Natur, und wenn ich durch den Wald gehe und kleine Sachen anschaue und berühre, Tiere beobachte und an Blättern rieche und Beeren pflücke und Zapfen sammle und Vogelstimmen höre, komme ich automatisch wieder gut drauf, und auch alle meine Sinne kehren wieder zurück ins Hier und Jetzt. Ich wollte mich mal vor lauter Liebeskummer umbringen, aber es war Herbst, und die Farben im Laub der Bäume waren so schön, da hab' ich es nicht übers Herz gebracht.

Wichtigster Krisenbewältigungstip:

Man nehme Bleistift und Papier und schreibe sich einen Weg aus der verfahrenen Situation zurück ins Licht, daß man Pläne für eine bessere Zukunft schmiedet und wichtige Entscheidungen fällt, sind die größten Vorteile, die man aus düsteren Zeiten ziehen kann.

Wenn Sie ein Mensch sind, der regelmäßig mit schweren Depressionen zu kämpfen hat, nachdem er sich im Spiegel gesehen hat, hier eine kleine Anregung zum Thema:

Licht

Unterschätzen Sie niemals die Wirkung von Licht. Wenn Sie eine unvorteilhafte Beleuchtung an Ihrem Spiegel installiert haben, treiben Sie sich systematisch in schwere Krisen. Wenn Sie sich andererseits mit schummriger »Schwindelbeleuchtung« selbst betrügen, kann es sein, daß Sie sich zwar wie eine Königin fühlen, wenn Sie das Haus verlassen, bei Tageslicht betrachtet jedoch die anderen Menschen eher an eine exhumierte Barbara Swanson erinnern.

Also an Ihren Spiegel unbedingt ein warmes, helles Licht anbringen, welches Sie gleichmäßig von vorne beleuchtet, damit Sie beim Schminken keine Fehler machen, aber trotzdem eine gewisse Verbesserung verspüren, nachdem Sie die ganze Farbe aufgetragen haben. Der Profi schaut sich das immer noch mal bei Tageslicht genauer an, bevor er das Haus verläßt. Aber auch unterwegs ist es gut, wenn man ein gewisses Bewußtsein für Licht entwickelt.

Man kann auch das teuerste Supermodel in Grund und Boden leuchten, das hat mit dem Alter gar nichts zu tun. Also, wenn sie die Wahl haben, sich im Restaurant den Platz auszusuchen, ist es immer schöner, einen Heiligenschein von hinten in den Haaren zu haben (also indirektes Licht), als eine Verhörlampe im Gesicht. Ich würde auch unter einer funzeligen Neonröhre kein Risiko eingehen und von spontanen Liebeserklärungen und Striptease abraten.

Früher haben Frauen noch ganz andere Möglichkeiten genutzt, sich vorteilhaft in Szene zu setzen, z.B. mit Fächern, hohen Pelzkragen oder Hüten mit Schleiern. Ich persönlich trage ja heute schon gerne Hüte mit feinen Spitzenschleiern, die tief ins Gesicht gezogen werden. Wäre ich Raucherin, ich würde auf alle Fälle eine lange Zigarettenspitze verwenden, und wenn ich einmal alt bin, werde ich transparente rote Hüte mit breiter Krempe tragen, die ein sanftes, vorteilhaftes Licht auf mein Gesicht scheinen lassen, und der Griff meines Spazierstocks wird ein geschnitzter Papageienkopf sein, mit smaragdenen Augen. Ich glaube nicht, daß das Alter unbedingt eine traurige Sache sein muß. Aber diese Dinge kann ich hier nicht als Tips für jedermann propagieren.

Wie werde ich klug und gebildet?

Die Frage ist ganz leicht beantwortet.

Indem man sein Gedächtnis trainiert und die ganzen Sachen die man erfährt, liest und sieht, nicht mehr vergißt.

Und wie macht man das? Ich persönlich glaube, indem man alles aufschreibt.

In guten Theaterstücken lohnt es sich am meisten. Wenn man sich die Mühe macht, alles stichwortartig mitzuschreiben, kann man noch Jahre später das ganze Stück vor dem inneren Auge Revue passieren lassen. Außerdem prägt man sich die Details und interessanten Einzelheiten viel besser ein, wenn man die Möglichkeit hat, das Stück nach dem Theaterbesuch noch mal durchzusprechen.

Und das gilt auch für den Rest des Lebens.

Ich habe von jedem Workshop, von jeder Reise, von jedem interessanten Gespräch kurze Notizen oder Tagebuchaufzeichnungen. Auch von meinen Träumen oder Ideen für neue Lieder. Alles wird mit einigen Sätzen auf Papier eingefangen, und wenn ich heute eine Rolle vorbereite, hole ich alles vor, was mir meine verschiedenen Lehrer mal gesagt haben, und ich komme auch wieder in die inspirierende Stimmung, die ein guter Lehrer in einem auszulösen vermag.

Ich glaube, auch der erste Schritt zur Kreativität ist, daß man die Ideen und Gedanken, die man hat, für Wert befindet, aufgeschrieben zu werden. In dem Moment beginnt ein Wachstumsprozeß, der aus ein paar banalen Gedankenblitzen irgendwann ein wunderbares Endprodukt werden läßt. Auch die genialsten Werke haben einmal einen ganz unspektakulären Anfang gehabt.

Lassen Sie's mal drauf ankommen und legen Sie sich Kuli und Papier neben's Bett – und haben Sie immer was bei sich. Ich habe mir angewöhnt, mit karierten DIN-A5-Seiten zu arbeiten. Die knicke ich so, daß sie überall 'reinpassen und hänge den Kuli oben rein. Ich unterscheide die Seiten rechts oben zum Beispiel: Anrufen, Einkaufen, Songidee, Kostümidee, Witze... Die »Einkaufsseite« ist meine Shoppingliste, und »Kostüm« ordne ich irgendwann ein in meine »Kostümablage«. Witze in die »Witzeablage ect. pp. So kommen im Laufe der Zeit dicke Stapel von angesammeltem Material zustande, und wenn man das durchliest, wird einem erst klar, wie viele Dinge man schon wieder völlig vergessen hätte, aber spätestens beim zweiten oder dritten Mal Lesen hat's das Hirn entgültig gespeichert.

Gedächtnistraining ist noch mal ein anderes Kapitel.

Bei mir ging die ganze Sache so los, daß ich in einem Buchladen stand und die Verkäuferin fragte, ob sie nicht zufällig den Titel dieses einen tollen Buches wüßte, wo drin steht, wie man sich selbst ganz komplizierte Sachen leicht merken könne. Ich hätte den Titel leider vergessen...

Wir brachen beide in lautes Gelächter aus, und sie sagte mir, daß sie sich gut vorstellen könnte, daß mir dieses Buch gehörig weiterhelfen würde.

Ich werde jetzt versuchen, die Idee, die hinter dem Begriff »Mnemoniks« steht, in kurzen Worten zu erklären.

Also. Bei der Form von Gedächtnistraining, von der ich spreche, geht es im Prinzip darum, das Neue, Unbekannte, das was man sich merken möchte, mit dem in Verbindung zu bringen, was wir bereits kennen, und so eine Brücke zu bauen, an der wir uns in den neuen Bereich vortasten können.

Der Begriff Eselsbrücke ist uns allen bekannt, nur wir wenden das Prinzip, das dahinter steht, viel zu selten und zu unsystematisch an.

Ich mußte für einen Film sehr schnell sehr viel Polnisch lernen, weil ich in Polen gedreht habe und viele der Leute in meinem Team, unter anderem sehr nahe Mitarbeiter wie meine Garderobiere, nur Polnisch gesprochen haben.

Also, . . . es geht darum, sich ein kompliziertes Wort nach dem ersten Mal sofort zu merken und nie wieder zu vergessen.

Zerteile das Wort in Silben, und geh' vom Klang dieser Silben aus und assoziiere ganz frei, an welche Worte diese Silben dich erinnern. Versuche die neuen Begriffe, die du herbeiphantasiert hast, vor Augen zu haben und alle zusammen in ein Bild vor deinem inneren Auge zu verarbeiten. Je verrückter und abgedrehter, um so besser, denn die ungewöhnlichen Dinge merken wir uns auch besser als die normalen.

Angenommen, wir haben ein Wort im Polnischen, das lautet: »Tschin kuhje«, das ist einfach die Lautschrift, so wie ich es verstanden und aufgeschrieben habe, damit ich es nicht vergesse. Dieses Wort heißt »Danke«.

Was assoziieren Sie mit Tschin...? Manche sagen das alkoholische Getränk, andere der Geist der Flasche. Egal. Hauptsache, Sie bleiben bei Ihrer ersten Wahl, denn das war, was Ihnen spontan eingefallen ist. Dann fragen Sie sich, was Ihnen zu »Kuhje einfällt. Bei den meisten Menschen irgend etwas mit einer Kuh. O. k., Eine Gin-trinkende Kuh, die mit der Flasche winkt und »Danke« ruft. Das ist ein ungewöhnliches Bild, das man, wenn man es sich einmal eingeprägt hat, so schnell nicht mehr vergißt.

So, jetzt haben Sie ein neues Wort mit zwei Dingen verknüpft, die Sie kennen, nämlich einer Kuh und Gin. Durch das Bild mit der »Danksagung« haben Sie die Bedeutung der neuen Vokabel mit eingebaut, und dadurch, daß es ein Bild ist, mit dem Sie arbeiten, haben Sie Ihre rechte Gehirnhälfte mitaktiviert. Das optische Gedächtnis arbeitet eh' für die meisten Menschen besser. Mit diesem Trick habe ich die schwierigsten slavischen Worte gelernt. Es klingt zwar auf den ersten Blick ein bißchen kompliziert, aber man wird im Laufe der Zeit immer schneller.

Am Anfang möchte man »Danke« sagen, und derjenige, für den es bestimmt war, ist längst seiner Wege gegangen, denn man braucht ca. 30 Sekunden, bis man das Bild zusammen hat. Die ersten 2-3 Male muß man noch den ganzen Prozeß wiederholen, aber irgendwann braucht man die Eselsbrücke nicht mehr, und das neue Wort ist Teil des alten Wortschatzes geworden.

Ich liebe es, Sprachen zu lernen.

Ich nehme in jedes Land, in das ich fahre, ein extra kleines Büchlein mit. Sobald ich ankomme, fange ich an, jede Vokabel, derer ich habhaft werden kann, aufzuschreiben.

Am schönsten ist es natürlich, wenn man einen Menschen hat, der einem Sachen übersetzt.

Die ersten Worte sind natürlich »Grüß Gott«, »Auf Wiedersehen« und »Danke« sowie »Ich brauche...« »Wieviel kostet das?« und »Was ist das?«. Dann kommt man schon gut durch, und wenn ich zurückkehre in das Land, nehme ich mein entsprechendes Büchlein wieder mit und kann schon im Flieger beim Durchlesen meine Gedächtnislücken wieder auffüllen. Das Schöne an einem solchen Buch ist, daß jede Seite darin an einen Tag erinnert, und wenn man jedes neu gelernte Wort mit einem Ort und einer gewissen Situation verbindet, erleichtert es das Merken sehr.

Sprachen lernen ist nicht nur ein gutes Gedächtnistraining. Die Einheimischen schließen einen ins Herz und freuen sich, und man hat auf Reisen viel mehr Spaß.

Noch ein kleiner Hinweis zum Thema »Wie werde ich gebildet«:

Haben Sie schon mal das PM Magazin gelesen.

Peter Moosleitners interessantes wissenschaftliches Magazin schafft es immer wieder, mir die faszinierendsten aber auch kompliziertesten Themen auf populärwissenschaftlichem Wege so nahezubringen, daß ich richtig Feuer fange und tagelang darüber nachdenke.

Es ist die einfachste Methode, sich ganz nebenbei ein beträchtliches Allgemeinwissen anzulesen.

»Jede Frau sollte ein Geheimnis haben«

Hier noch ein kleiner Tip zu einem ganz anderen Thema.

Ich würde Ihnen empfehlen, Dinge, die Ihnen wirklich wichtig sind, heimlich zu tun.

Ich bin von Natur aus ein ganz großes Plappermaul, ich bin als Kind sogar mal in Ohnmacht gefallen, weil mein Vater mich bat, für fünf Minuten den Mund zu halten. Meine Eltern haben hinterher immer gelacht und gesagt, es müsse am Überdruck gelegen haben, den die sich anstauenden Worte in meinem Kopf erzeugt haben.

Ich wollte früher auch immer alles mit meinem Freund teilen, und habe mich über die kleinsten Details meiner Zukunftspläne so lange ausgelassen, bis gar nichts mehr davon übrig war.

Einfach machen wäre besser gewesen, denn erstens interessierten sich meine Freunde damals gar nicht für den Kram, den ich ihnen ständig erzählt habe, und zweitens ist es wirklich wahr, daß die Sachen, die man so still und leise vor sich tut, große Kraft bekommen und einen sehr stolz und erfolgreich machen.

Also, etwas heimlich zu tun, hat nichts mit Unredlichem zu tun. Es ist ein wichtiger Schritt zur Unabhängigkeit, wir brauchen niemanden mehr, der uns die Erlaubnis gibt, uns anspornt, uns hilft. Wenn Sie etwas ganz alleine heimlich für sich geschafft haben, werden Sie sehr stolz auf sich sein.

Ein ganz banales Beispiel, das auch viel mit Aberglauben zu tun hat: Filmrollen, die mir angeboten werden, behalte ich eisenhart für mich, bis ich den Film wirklich drehe. Vor kurzen war ich mir meiner Sache zu sicher – hab es 'rumerzählt – prompt ist das »Unmögliche« passiert, und es ist alles geplatzt. Man nimmt einer Idee wirklich die Kraft, wenn man sie zu früh ausplaudert.

Erst wenn man Publicity braucht, um eine Sache an den Mann zu bringen, sollte man sie an die »große Glocke« hängen.

Das klingt vielleicht kindisch, ist aber eine ganz wichtige Erfahrung, die ich oft im Leben gemacht habe.

Mode

Gehen Sie niemals mit der Mode

Versuchen Sie vielmehr, Ihr ganzes Leben als einen langsamen Lernprozeß hin zu Ihrem ganz persönlichen Stil zu verstehen. Machen Sie sich nicht jede Saison erneut zum Affen, zu einer Kuh, die gemolken wird, und dann auch noch für alle Welt zur Schau stellt, daß Sie weder einen eigenen Geschmack haben noch wissen, was Ihr Typ ist oder was Ihnen steht.

Tragen nicht auch Sie dazu bei, daß alle Menschen gleich aussehen! Versuchen Sie Ihren eigenen Stil zu finden, und haben Sie den Mut, sich treu zu bleiben. Sie sparen eine Menge Zeit und Geld, das sich für viel wichtigere Dinge ausgeben läßt.

Nutzen Sie Modewellen dazu aus, um sich mit den Dingen einzudecken, die Sie wirklich für immer brauchen werden. Es ist wunderbar, durch all die Jahre und Reisen und Epochen hindurch langsam aber sicher das ideale Strandoutfit, die genialen Sportklamotten, den gemütlichsten Hausanzug, aber vor allem die attraktivsten »Everday-Klamotten« gefunden zu haben, in denen man atemberaubend aussieht, nicht friert und sich auch ganz normal, praktisch und bequem bewegen kann. Ich liebe es, mich farblich in eine Richtung einzugrooven und dann nur noch Sachen zu tragen, die alle zusammenpassen. Man kann immer alle Teile kreuz und quer kombinieren und muß nicht drei

Pullis, Jacken und Röcke mitschleppen. Ich spare Gewicht beim Reisen und Geld für Klamotten, weil ich heute wirklich sagen kann: Ich habe alles. Ich kann meine Sachen immer und immer wieder anziehen, weil ich sie mit viel Liebe ausgesucht und im Laufe der Zeit in ihrer Kombinationsfähigkeit immer weiter perfektioniert habe. Wenn man längerfristig plant, lohnt es sich, Sachen maßfertigen und auch reparieren zu lassen.

Ich liebe es, Teile von einem Kleidungsstück abzutrennen und woanders weiterzuverwenden. Z. B. ein Kleid, das mir oben zu eng war, habe ich halbiert. Der untere Teil wurde ein schöner Rock. Mit den bunten Bordüren an den Ärmeln habe ich eine farblich passende Jacke verziert, die ich jetzt zu diesem Rock trage, und aus dem Kleidoberteil habe ich ein Band für meinen Hut gemacht. So wird aus einem Kleid, das man nicht mehr tragen kann, weil es nicht mehr paßt, ein ganzes Outfit.

Ich bastle solange an einer Montur, bis sie eine runde Einmaligkeit erhalten hat, und dann trage ich so was bis es auseinanderfällt.

Ein kleiner Tip am Rande:

Ich finde die Qualität der normalen Schuhe, die man so im Laden kaufen kann, erschreckend. Außerdem trage ich keine Schuhe, die mich aussehen lassen, als hätte ich einen schweren Klumpfuß, bloß weil es modern ist, und deswegen lasse ich mir meine Schuhe maßanfertigen:

Ich liebe es, rote, schwingende Röcke zu tragen.

Das ist für mich persönlich der Inbegriff von archaischer Weiblichkeit. Röcke sind außerdem bequem, praktisch, weiblich, warm (man kann mehrere übereinander tragen), und sie machen eine gute Figur. Darunter braucht man allerdings unbedingt rote Stiefel, die bis unters Knie gehen, und so was gibt es in keinem einzigen deutschen Schuhgeschäft. Also habe ich mir rote Stiefel machen lassen und will seitdem eigentlich nichts anderes mehr tragen. Die 400 Mark, die ich dafür löhnen mußte, haben sich in den drei Jahren, in denen ich diese extrem bequemen, haltbaren und lieben Schuhe trage, längst ausgezahlt, weil ich seitdem keine anderen Schuhe mehr kaufen mußte und wollte.

Die Geschichte meiner »Rotphase« ist übrigens ganz interessant:

Ich hatte schon immer im Urlaub, also in den südlichen Ländern, große Lust, mich rot oder ganz blumig und bunt anzuziehen. Früher habe ich jahrelang im Alltag nur Schwarz getragen, also bin ich in Schwarz in den Flieger eingestiegen, habe dann ein paar Wochen lang meine Urlaubsgarderobe in zueinander kombinierbaren Rottönen verbracht und bin in Schwarz wieder zurückgeflogen. Mit allen Möglichkeiten und Anforderungen eines vielseitigen Urlaubs vom Sportdress über die Abendgarderobe bis hin zum Abendoutfit hat es einige Jahre gedauert, bis ich alles in Rot oder Bunt hatte. Irgendwann kam ich dann zurück aus Italien und hatte plötzlich keine Lust mehr, meine düsteren, schwarzen Sachen wieder anzuziehen. Und die roten Stiefel haben es mir ermöglicht, immer Röcke und

Kleider zu tragen, auch wenn's für Schläppchen zu kalt wurde.

Das war der Anfang eines ganz neuen Lebensgefühls. Ich kam mir vor, als würde ich meinen Urlaub endlos verlängern.

Hier noch ein Hinweis, den ich später bekam:

Wer immer nur schwarz trägt, pumpt sich seine Chakren leer.

Rot z. B. lädt das Herz- und Halschakra auf.

Ich liebe es ja, einen Spleen voll und ganz auszuleben, und deswegen habe ich mich richtig eingedeckt mit allem Roten, was das Herz begehrt. Ich begann alle Details zu sammeln, die zu einer kompletten Garderobe gehören. Heute habe ich auch Socken, Taschen, Rucksäcke, Haarschmuck, BHs, Wintersachen, Hüte etc. – alles in Rot. Irgendwann ist man komplett, und das finde ich ein tolles Gefühl der Erleichterung. Jetzt muß ich nichts mehr kaufen, weil ich alles schon habe. D. h., Zeit wird frei – Kapazitäten für Wichtigeres. Ballast wird reduziert, Berge von Klamotten, die man eh' nicht trägt, werden nicht sinnlos vergrößert, und wenn ich bummeln gehe, kann ich ganz selektiv genau die Lücken füllen, z. B. rote Sachen tragen, die leuchten aus der Menge so schön hervor. Jetzt suche ich schon ewig nach den idealen, archetypischen roten Ur-Stöckelschuhen. Und solange der nicht genau den Schnitt, die Absatzform und das richtige Material hat wie der von Marilyn, kauf ich nix anderes.

*Wer diese Tips kennt und beachtet, meine Damen, ist
dem Rest der Welt eine Nasenlänge voraus.*

155

Nachwort

Also alles, was ich hier verzapfe, habe ich mir selber zusammengereimt, um meinem riesigen Anspruch an mich selbst gerecht zu werden, und das alles in der knappen Zeit, die mir zur Verfügung steht wegen der vielen verschiedenen Berufe, die ich aus Passion betreibe, und mit den bescheidenen Grundvoraussetzungen, die mir in die Wiege gelegt wurden.

Ich hoffe, das Lesen hat Ihnen ein bißchen Spaß gemacht, vielleicht war ja die eine oder andere Anregung für Sie dabei. Wenn auch Sie Tips oder Tricks haben, die Sie mir gerne sagen wollen – ich würde mich tierisch freuen, Post zu bekommen unter der Adresse:

ECON Taschenbuch Verlag, Kaiserswerther Straße 282, 40474 Düsseldorf, z. Hd. Heike Neumann.

Auch wenn Sie mit der einen oder anderen Anregung nicht so gut gefahren sind. Ich bin über jede Art von Rückmeldung dankbar – man lernt ja nie aus.

Außerdem:
Wenn sich irgendeine von meinen aufgeschnappten Weisheiten für Sie als unwahr herausstellen sollte, gilt immer noch der wichtigste Tip:

»Glaube niemals alles, was du schwarz auf weiß geschrieben siehst.«

... aber laß dich dadurch ankicken und inspirieren und probier' doch alles einfach selber mal aus!

Bildnachweis

S/w-Abbildungen:
1-5) © Klaus Frers; 6) © Manfred Schramm; 7) © Sascha Chowdhury; 8) © Klaus Frers; 9) © Manfred Schramm; 10) © Klaus Frers; 11) © Virgin; 12) © Kinderfotos: Barbara Esslinger; 13) © Manfred Schramm; 14) © Thomas & Thomas; 15-18) © Klaus Frers; 19) © Manfred Schramm; 19) © Manfred Schramm; 21) © Klaus Frers; 22) © Manfred Schramm; 23) © Wolfgang Weber; 24-25) © Klaus Frers; 26) © Manfred Schramm; 27) © Klaus Frers; 28) © Manfred Schramm; 29-36) © Klaus Frers.

Farbteil:
1, 2) © Andreas Keuchel; 3) © Peter Bischoff; 4) © Andreas Keuchel; 5, 6) © Wotan/Wolfgang Müller; 7) © Peter Bischoff; 8, 9) © Wotan/Wolfgang Müller; 10) © Klaus Frers; 11) © Wotan/Wolfgang Müller; 12-14) © Klaus Frers; 15) © H.-D. Zinn; 16-20) © Klaus Frers; 21) © H.-D. Zinn; 22) © Andreas Keuchel.

Abbildung des Sissi-Perlinger-Aufklebebildes:
Jochen Haunreiter

SISSI PERLINGER

Von Happy End zu Happy End

Mit Herrn Scheibe